Bibliographische Information der Deutschen Bibliothek
Die Deutsche Bibliothek verzeichnet diese Publikation in der Deutschen Nationalbibliografie;
detaillierte bibliografische Daten sind im Internet über http://dnb.dbb.de abrufbar.

ISBN   978-3-946101-06-2
ISSN   2364-6705

Textsatz: Robert Hesselbach, Lukas Eibensteiner, Julien Bobineau
Umschlaggestaltung: Julien Bobineau
Druck: BoD GmbH, Norderstedt
Gedruckt auf FSC-zertifizierten Papier

promptus – Würzburger Beiträge zur Romanistik

Band 7

Herausgegeben von

Julien Bobineau
Sofina Dembruk
Lukas Eibensteiner
Julius Goldmann
Robert Hesselbach
Christian Koch
Paola Ravasio

Verlag des promptus e.V.

Inhaltsverzeichnis

Janek Scholz (Köln)

Sérgio Zimbas Covid-19-Karikaturen im Kontext öffentlicher Gesundheitsfürsorge in Mosambik

Vorwort

Liebe Leserinnen und Leser,

wir freuen uns sehr, Ihnen hiermit die siebte Ausgabe unserer Zeitschrift *promptus – Würzburger Beiträge zur Romanistik* vorlegen zu können. Die Auswirkungen der Corona-Pandemie haben nicht nur die Herausgabe unserer Zeitschrift, sondern die wissenschaftliche Tätigkeit im Allgemeinen stark betroffen. Die Umstellung auf digitale Formate hat vor allem für den wissenschaftlichen Nachwuchs besondere Auswirkungen: Die Diskussion der eigenen Qualifikationsarbeiten bleibt im Wesentlichen auf den virtuellen Raum beschränkt, in dem der informelle Austausch mit Expertinnen und Experten anderer Universitäten nur bedingt möglich ist. Auch das für eine wissenschaftliche Karriere immer wichtiger werdende Networking ist unter Pandemiebedingungen nur schwierig zu bewerkstelligen. Um jungen Wissenschaftlerinnen und Wissenschaftlern diesen wichtigen Austausch zu ermöglichen, hat der Verein *promptus* e.V., der als Satzungsziel die Förderung des wissenschaftlichen Nachwuchs in der Romanistik hat, mehrere Kolloquien mit ausgewählten Expertinnen und Experten der jeweiligen Fachbereiche organisiert, bei denen Doktorandinnen und Doktoranden ihre Projekte zur Diskussion stellen konnten. Wir bedanken uns an dieser Stelle ganz herzlich bei allen Professorinnen und Professoren, die uns bei diesem Vorhaben unterstützt haben, sowie bei allen Teilnehmerinnen und Teilnehmern für ihre interessanten Beiträge.

In dieser Ausgabe finden Sie zu Beginn ein Interview mit **Prof. Dr. Elton Prifti** (Wien), der sich intensiv mit Aspekten der Mehrsprachigkeit im Zeitalter der Digitalisierung beschäftigt. Im Zentrum des Gesprächs stehen somit Fragen nach der Wichtigkeit einer mehrsprachigen romanistischen Ausbildung, nach der Bedeutsamkeit des Englischen als (möglicher) *lingua franca* der romanistischen Forschung sowie Fragen hinsichtlich digitaler Kompetenzen, die für eine wissenschaftliche Karriere möglicherweise unabdingbar geworden sind. Wie schon in der letzten Ausgabe haben wir aufgrund der Corona-Pandemie auf ein persönliches Treffen verzichtet und uns auf eine schriftliche Beantwortung der Fragen verständigt.

In der vorliegenden Ausgabe präsentieren wir Ihnen die folgenden sieben Beiträge: Im Aufsatz von **Tim Christmann (Saarbrücken)** wird die kinematographische Darstellung des Falklandkrieges aus dem Jahr 1982 in Lola Arias' Film *Teatro de Guerra* (2018) untersucht. Mit einem kulturwissenschaftlichen Ansatz versucht der Autor dabei, die Verarbeitung individueller Erinnerungen und kollektiver Traumata als kulturelle Grenzerfahrung zu betrachten.

Patricia de Crignis (München) beschäftigt sich mit dem Ursprung der von Henríquez Ureña 1921 entwickelten Theorie zu den *tierras bajas* und *tierras altas*. Dabei konzentriert sie sich auf die Beschreibung der Vokalabschwächung innerhalb dieser Theorie und argumentiert, dass diese frühe Konzeption die Art der Forschung über das phonetische Merkmal der Vokalabschwächung bis heute stark beeinflusst hat, dass die traditionelle dialektale Einteilung in *tierras bajas* und *tierras altas* allerdings überwunden werden solle.

Lara A. Dittmann (Osnabrück) untersucht in komparatistischer Perspektive Interspeziesbegegnungen in zwei Texten des beginnenden 20. Jahrhunderts: Juan Ramón Jiménez' Prosagedicht *Platero y yo* (1914/17) und Thomas Manns Erzählung *Herr und Hund* (1919). Dittmann stützt ihre Analyse auf den theoretischen Rahmen der *Human-Animal Studies*, wobei sie den Schwerpunkt auf das Herauspräparieren sprachlicher Spezifika der Kommunikation zwischen Mensch und Tier legt.

In seiner Analyse «‹We're on the road to nowhere› – Felwine Sarrs narrativer Weg in die Afrotopie» führt **Lars Thorben Henk (Landau)** zwei Texte des senegalesischen Autors und Ökonomen Felwine Sarr hinsichtlich des Afrotopos zusammen. Dabei wird – unter Rückgriff auf Foucaultsche Raumkonzepte – in den Blick genommen, wie dieser Topos in Sarrs Anthologie *105 Rue Carnot* (2011) literarisch verhandelt wird, noch bevor sein programmatischer Essay *Afrotopia* (2016) diesen konzeptuell aufarbeitet.

In seinem lusitanistisch ausgerichteten Artikel «Futur-Formen und ihre Funktionen im *Português Arcaico*» widmet sich **Malte Kneifel (Mainz)** der Beschreibung und Analyse von Futurformen des Portugiesischen des 13. bis 15. Jahrhunderts. Indem der Autor ein bereits in der Hispanistik etabliertes Analysemodell auf das Portugiesische anwendet, kann er zeigen, dass die unterschiedlichen Futur-Formen ganz spezifische Funktionen erfüllen.

2

Yannic Klamp (Mainz) analysiert in seinem Beitrag «*Alma* und *ánima* in spanisch-zapotekischen Evangelisierungswerken: die Translation des Konzepts ‹Seele› im kolonialen Missionskontext (Neu-Spanien, 16.-18. Jh.)» den diachronen Wandel von Übersetzungen zur Wiedergabe des Konzeptes der Seele im Zapotekischen. Dabei kann gezeigt werden, dass sich die ursprünglich bestehende Gleichwertigkeit der beiden Ausdrücke *alma* und *ánima* zugunsten jeweils einer der beiden Bezeichnungen im Spanischen und im Zapotekischen auflöst. Zur Einordnung des lexikalischen Normierungsprozesses werden zudem Beispiele aus den Sprachen Nahuatl und Quechua vergleichend herangezogen.

Janek Scholz (Köln) beschäftigt sich mit den Covid-19-Karikaturen des mosambikanischen Comiczeichners Sérgio Zimba und konzentriert sich bei der Analyse auf die Bedeutung der Zeichnungen für die öffentliche Gesundheitsfürsorge in Mosambik. Abschließend vergleicht Scholz die Arbeiten von Zimba mit den Comics des angolanischen Künstlers Sérgio Piçarra und geht anhand des Vergleiches auf die kulturspezifischen Besonderheiten der Covid-19-Pandemie im portugiesischsprachigen Afrika ein.

Schließlich möchten wir auf einen weiteren, wichtigen Aspekt der Förderung junger Wissenschaftlerinnen und Wissenschaftler in der Romanistik durch *promptus* hinweisen, nämlich die Verleihung des Reinhard-Kiesler-Preises: Alle Autorinnen und Autoren der letzten drei Ausgaben sind automatisch für den Preis nominiert, über dessen Vergabe die Mitglieder des Vereins per schriftlicher Abstimmung entscheiden. Verliehen wird der Preis für die ausgezeichneten Artikel im Bereich der romanistischen Sprach- und Literatur-/Kulturwissenschaft bzw. der Fachdidaktik im Januar 2023.

Wir wünschen Ihnen eine interessante Lektüre!
Die Herausgeberinnen und Herausgeber

Interview mit Prof. Dr. Elton Prifti

Elton Prifti ist Sprachwissenschaftler, Romanist und Balkanologe. Seine zentralen Forschungsdisziplinen sind die historische Sprachwissenschaft, die Lexikographie, die Varietäten-, Kontakt- und Migrationslinguistik, die Dialektologie sowie die Wissenschaftsgeschichte. Besondere Beachtung schenkt er den Digitalisierungsprozessen in den sprachwissenschaftlichen und philologischen Forschungsmethoden sowie den sogenannten *kleinen* romanischen Sprachen und Varietäten. 2010 rief er das Lehr- und Forschungsprojekt *Romania «minor»* ins Leben. Er wurde 2011 an der Universität Potsdam promoviert; 2015 habilitierte er sich an der Universität des Saarlandes. Von 2013 bis 2019 war er Juniorprofessor für romanische Sprach- und Medienwissenschaften an der Universität Mannheim. Seit 2019 ist er Professor für Romanische Sprachwissenschaft an der Universität Wien. Gemeinsam mit Wolfgang Schweickard leitet er das Langzeitprojekt *Lessico Etimologico Italiano* (LEI), ist Mitherausgeber der *Zeitschrift für romanische Philologie* und der dazugehörigen *Beihefte* sowie Mitveranstalter des *Romanistischen Kolloquiums*. Darüber hinaus widmet er sich auch der Geschichtsschreibung des Fachs Romanistik im 20. Jahrhundert auf der Grundlage des Privatarchivs Carlo Tagliavinis sowie dem *Digitalen Sprachatlas des Aromunischen Albaniens* und dem *Digitalen Sprachatlas Sardiniens*. Elton Prifti ist Mitglied der *Accademia della Crusca* und der *Akademia e Shkencave e Shqipërisë* sowie Vizepräsident der *Società di Linguistica Italiana* (SLI).

promptus: In Deinem Lebenslauf liest man, dass Du Wirtschaftswissenschaften, Germanistik und Balkanologie studiert hast, bevor Du Dich der Romanistik zugewendet hast. Wie kamst Du also zur Romanistik und was hat Dich an dem Fach so begeistert? Wo siehst Du ggfs. Schnittstellen zwischen diesen Fächern bzw. Disziplinen?

Elton Prifti: Der Prozess der Suche nach dem passenden Beruf war für mich in der Tat komplex. Rückblickend kann ich sagen, dass alle Phasen und Stationen, die ich bis zu meiner jetzigen beruflichen Situation durchlief, hilfreich und nützlich waren. Ich versuche, das zu illustrieren: Die Naturwissenschaften haben mich immer angezogen; ursprünglich wollte ich mich sogar beruflich mit Physik befassen. Die Vorliebe für das logische Denken, die Ordnungsprinzipien und die strukturierten Zusammenhänge sind mir im romanistischen Forschungs- und Lehralltag stets nützlich. Die im Rahmen meines Germanistik- und Balkanologie-Studiums erworbenen Kenntnisse sind mir darüber hinaus in vielerlei Hinsicht hilfreich, wie etwa zum besseren Verständnis der romanischen Realität in Geschichte und Gegenwart, die selbstverständlich auch mit dem deutschsprachigen und südosteuropäischen Kulturraum eng verbunden ist.

Meine Hauptmotivation, mich der Romanistik zu widmen, war das Ergründen der besonderen Vielfalt der romanischen Realität. Was mich anfänglich zur Romanistik führte, war die Neugierde bzw. das Bedürfnis, die stark romanisch – vor allem aromunisch – geprägte soziale Umgebung, in der ich aufwuchs, auch aus der wissenschaftlichen Perspektive zu begreifen, in einen gesamtromanistischen Kontext präzise einzubetten und sie dadurch besser zu kennen und zu verstehen. Mit Erstaunen stellte ich damals fest, dass die vielfältige Romanität Südosteuropas im gesamtromanistischen wissenschaftlichen Diskurs nur eine marginale Rolle spielte (und leider immer noch spielt). Zwei zentrale Fragen haben mich damals beschäftigt: die Stellung des Aromunischen im romanischen und südosteuropäischen Kontext sowie die lateinischen und romanischen Anteile weiterer südosteuropäischer Sprachen – allen voran des Albanischen –, die gewöhnlich nicht im klassischen romanistischen Kanon behandelt werden.

promptus: Du bist im Grenzgebiet zwischen Albanien, Griechenland und Nordmazedonien und damit in einem mehrsprachigen Gebiet aufgewachsen. Inwiefern hat dieses Umfeld dazu beigetragen, dass Du schließlich Fragen der Mehrsprachigkeit zu Deinem Beruf gemacht hast?

Elton Prifti: Ich denke, das besonders komplexe mehrsprachige Umfeld, in dem ich aufwuchs, hat die Ausprägung meiner wissenschaftlichen Interessen und die Forschungsschwerpunkte in besonderer Weise geprägt. Der von Dir erwähnten kollektiven Mehrsprachigkeit – die durch das Aufeinandertreffen verschiedener aneinander grenzender Kultur- und Sprachräume, die ich als *horizontale* territoriale Mehrsprachigkeit bezeichnen würde – ist eine weitere Dimension hinzuzufügen: Die einzelnen Kultur- und Sprachräume selbst sind zusätzlich durch Vielfalt gekennzeichnet und stellen wiederum Schmelztiegel traditionell miteinander koexistierender Sprachen und Varietäten sowie Kulturen dar. Dies könnte man als *vertikale* territoriale Mehrsprachigkeit definieren. Ich glaube, die Teilhabe als Individuum, im Grunde zugleich als Akteur und als Beobachter, als Schaffender und als Träger einer solchen kollektiven Mehrsprachigkeit liefert eine solide Grundlage, schafft sehr gute Voraussetzungen und verleiht die notwendige Sensibilität und Aufmerksamkeit für die Auseinandersetzung mit dem so komplexen wie umfassenden Phänomen der Mehrsprachigkeit.

promptus: Du sprichst selbst mehrere Sprachen (Deutsch, Italienisch, Französisch, Spanisch, Englisch, Albanisch, Rätoromanisch, Sardisch und Aromunisch) und hast in weiteren Sprachen (Portugiesisch, Rumänisch, Okzitanisch, Katalanisch, Neugriechisch, Galegisch, Mazedonisch, Latein und Altgriechisch) Grundkenntnisse. Wie hast Du so viele Sprachen gelernt und wie wichtig schätzt Du eine derart ausgeprägte individuelle Mehrsprachigkeit für eine Karriere in der Romanistik ein?

Elton Prifti: Die individuelle Mehrsprachigkeit ist für Romanistinnen und Romanisten, nicht nur für jene, die sich vorwiegend mit Sprachwissenschaft befassen, sicherlich hilfreich. Bezieht man sich auf die romanischen Sprachen, so erlangen sprachpraktische Kenntnisse eine besondere Relevanz. Ein breites Sprachenspektrum spiegelt sich aus meiner Sicht auch in der Qualität von Forschung und Lehre wider. Gerne pflichte ich dabei der Meinung Heinrich Lausbergs bei: «Die Erkenntnis eines Objekts setzt die Kenntnis dieses Objekts voraus.» Er beschreibt in seinem zeitlosen Werk *Romanische Sprachwissenschaft* (Band I (1969), S. 9) die Notwendigkeit der Sprachkenntnisse für Romanistinnen und Romanisten mit klaren Worten. Mein gesamtromanistisches Interesse, in Verbindung mit dem eben erwähnten Prinzip, brachte mich auf ganz natürliche Weise dazu, verschiedene romanische Sprachen zu lernen. Neben dem praktischen Nutzen ermöglicht das Erlernen einer neuen romanischen Sprache oder Varietät auch einen spannenden, neuen Blick auf die Romania im Allgemeinen. Neue Verbindungen, Zusammenhänge, Parallelen – in Geschichte und Gegenwart – werden dabei erkennbar. Zweifelsohne sind auch Kenntnisse weiterer Sprachen nützlich, mit denen die romanischen Sprachen und Varietäten in Kontakt standen und stehen.

Ich halte die Pflege einer direkten Verbindung zu den urbanen, allen voran jedoch zu den ruralen Realitäten in der Romania für unentbehrlich. Sie garantiert solide und fundierte Kenntnisse der jeweiligen lokalen und regionalen romanischen Kulturen und in ganz natürlicher Weise auch der dazu gehörigen Sprachen und Varietäten. Was mich betrifft, ist dies auch der sicherste, angenehmste und ertragreichste Weg, um sich eine Sprache bzw. Varietät anzueignen.

promptus: In dem von Dir konzipierten Lehr- und Forschungsprojekt *Romania «minor»* möchtest Du Studierenden und Nachwuchswissenschaftlerinnen und -wissenschaftlern sprach- und kulturwissenschaftliche sowie sprachpraktische Kenntnisse in sogenannten *kleinen* romanischen Sprachen vermitteln. Nun eine vielleicht etwas provokante Frage: Würdest Du jungen Wissenschaftlerinnen und Wissenschaftlern raten, sich mit *kleineren* romanischen Sprachen wissenschaftlich zu beschäftigen? Wäre es nicht sinnvoller, sich auf die *größeren* romanischen Sprachen zu konzentrieren, zumal die meisten Stellen ja für diese Sprachen ausgeschrieben sind?

Elton Prifti: Ja, das würde ich, ohne zu zögern. Die sogenannten *kleineren* romanischen Sprachen sind meiner Meinung nach für ein solides Verständnis der Romania unentbehrlich. Nur durch sie wird man in die Lage versetzt, die Zusammenhänge und die Entwicklungen innerhalb der Romania zu begreifen und nachzuvollziehen. Des Weiteren stehen sie in der Regel mit mindestens einer sogenannten *großen* romanischen Sprache räumlich und/oder geschichtlich in enger Verbindung. Die Auseinandersetzung mit den Sprachen und Varietäten der Romania «minor» trägt also maßgeblich auch zur Kenntnis der Romania «maior» bei. Durch die Betonung der Relevanz der kleineren romanischen Sprachen stelle ich keinesfalls die überragende Bedeutung ausgezeichneter Kenntnisse der *großen* romanischen Sprachen und Kulturen in Geschichte und Gegenwart in Abrede. Die Romania endet nicht mit den Sprachen der Romania «maior». Vielmehr fängt sie dort an. Ich würde jungen Romanistinnen und Romanisten empfehlen, sich der klassischen Kombinationen der *großen* romanischen Sprachen zu bedienen und sich mit mindestens einer weiteren Sprache der Romania «minor» systematisch zu beschäftigen.

promptus: Die meisten Romanistinnen und Romanisten beschäftigen sich ja eher mit westromanischen Sprachen. Was könnte für sie an der Balkan-romanistik interessant sein?

Elton Prifti: Fundierte Kenntnisse der sogenannten *Ostromania* halte ich für notwendig und unverzichtbar für Romanistinnen und Romanisten. Ich stelle eine allgemeine und aus meiner Sicht nicht positive Tendenz fest. Wenn man die wissenschaftlichen Biographien verschiedener Kolleginnen und Kollegen der vorausgehenden Romanistengenerationen betrachtet, wird man schnell feststellen, dass sie gewöhnlich dem Rumänischen Beachtung geschenkt haben. Die Zahl der Romanistinnen und Romanisten, die sich heute im Bereich des Rumänischen auskennen, ist hingegen leider drastisch geschrumpft.

Gleichwohl möchte ich der Vollständigkeit halber eine Präzisierung vornehmen. Es ist ja klar, dass die sogenannte *Ostromania* nicht mit der sogenannten *Balkanromania* gleichzusetzen ist. Weniger klar ist, dass die Gleichsetzung der Balkanromanistik mit der Rumänistik irreführend ist. Das ist im Grunde so, als ob man die Westromania auf die Hispanoromania reduzieren würde.

Die Balkanromanität besteht meiner Ansicht nach aus mindestens drei Typen, die zum Teil substanzielle Unterschiede aufweisen. Der bekannteste und am besten erforschte Typus ist die Romanität, die auf der sogenannten *Donaulatinität* beruht. Ihr bekanntester Vertreter ist das Rumänische. Demselben Romanitätstypus gehören im Grunde auch das Istrorumänische, das Meglenorumänische und das Aromunische an, wobei ihre Unterordnung zum Rumänischen, die vorwiegend in der rumänischen Romanistik vorherrscht, in erster Linie nationalpolitisch motiviert ist. Dem zweiten Romanitätstypus liegt die sogenannte *Küstenlatinität* zugrunde, deren wichtigster Vertreter das untergegangene Dalmatische ist. Den dritten balkanromanischen Typus repräsentiert die sogenannte *Latinität der Via Egnatia*, deren Spuren sich vorwiegend im Albanischen finden.

Dieser Präzisierung möchte ich noch eine abschließende Anmerkung hinzufügen, die unter anderem auch mit der Romanität Südosteuropas in Verbindung steht: Grundsätzlich werden die Grenzen der Romania oft allzu scharf gezogen. Vor dem Hintergrund der strikten Trennung von romanischen und nicht-romanischen Sprachen, geraten vielfach jene Sprachen und Varietäten aus dem Blick, die zwar nicht genuin romanisch sind, die aber dennoch, zum Teil substanzielle Züge von Romanität aufweisen. Dies gilt zum Beispiel für das Albanische. Solche Randbereiche der Romania, einschließlich jene der *Romania submersa*, bergen noch ein hohes Forschungspotenzial.

promptus: Wie schätzt Du die Rolle des Englischen als Wissenschaftssprache ein? Welche Potenziale, welche Gefahren siehst Du insbesondere für angehende Wissenschaftlerinnen und Wissenschaftler?

Elton Prifti: Ich betrachte das Englische als eine Wissenschaftssprache mit hohem Potenzial, die sich zunehmend auch in der Romanistik etabliert. Für junge Romanistinnen und Romanisten halte ich sehr gute englische Sprachkenntnisse für wichtig. Prioritär müssen allerdings die romanischen Sprachen bleiben. Alle Entwicklungen, die das Primat der romanischen Sprachen in den jeweiligen Bereichen als Wissenschaftssprachen in Frage stellen würden, betrachte ich als schädlich und gefährlich.

promptus: 2015 wurdest Du für den Lehrpreis der Universität Mannheim nominiert. Wie wichtig schätzt Du das Lehrprofil einer Person für die Bewerbung auf eine Professur ein? Zählt nicht eigentlich die Quantität und Qualität der Forschung?

Elton Prifti: Die Professurprofile im deutschsprachigen Raum sind allgemein eng mit der Lehre verbunden. In den letzten 10 bis 15 Jahren hat die Lehrkompetenz zunehmend an Relevanz gewonnen. Angesichts der Wichtigkeit einer niveauvollen Ausbildung von Studierenden, allen voran von künftigen Lehrerinnen und Lehrern sowie Nachwuchswissenschaftlerinnen und -wissenschaftlern, halte ich das für eine positive Entwicklung. Eine hohe Lehrkompetenz ist wichtig und notwendig, allerdings neben einem anspruchsvollen Forschungsprofil, das meiner Meinung nach letztlich prioritär ist und es auch bleiben soll. Ich empfehle anstrebenden Hochschuldozentinnen und -dozenten das Absolvieren einer didaktischen Grundausbildung und einer darauf folgenden systematischen Fortbildung. Das von den Hochschulen dafür bereitgestellte Ausbildungsangebot und die sich zunehmend konsolidierende entsprechende Infrastruktur schaffen dafür sehr gute Voraussetzungen.

promptus: Seit 2018 bist Du gemeinsam mit Professor Schweickard Leiter des Langzeitprojektes *Lessico Etimologico Italiano* (LEI). Könntest Du das Projekt kurz beschreiben?

Elton Prifti: Das *Lessico Etimologico Italiano* (LEI) zählt zu den innovativsten und europaweit am besten vernetzten und umfassendsten Wörterbuchvorhaben der Gegenwart. An ihm arbeiten gegenwärtig etwa 80 deutsche, italienische und österreichische Wissenschaftlerinnen und Wissenschaftler mit dem Ziel, ein umfassendes historisches und etymologisches Referenzwörterbuch des Italienischen zu erstellen. Im Fokus des *LEI* steht der gesamte Wortschatz der Italoromania einschließlich jener der Dialekte. Entsprechend sind auch seine Dimensionen. Es sind ca. 60 Bände vorgesehen. Das bis 2033 laufende Langzeitprojekt wurde 1968 von Max Pfister ins Leben gerufen, der es bis zu seinem Tod im Jahr 2017, seit 2001 gemeinsam mit Wolfgang Schweickard, leitete. Die Romanistik, in besonderer Weise die Italianistik, verdanken diesen zwei herausragenden Persönlichkeiten und ausgezeichneten Wissenschaftlern sehr viel. Im Jahr 2014 startete dann das umfassende Projekt der Digitalisierung des *LEI*.

promptus: Die Digitalisierung des *LEI* scheint zum digitalen Leuchtturmprojekt des Fachs geworden zu sein. Die digitalen Methoden scheinen für die Realisierung des *LEI* wohl neue und vielversprechende Perspektiven zu eröffnen. Inwiefern wird die Digitalisierung die Entwicklung der Romanistik im 21. Jahrhundert beeinflussen? Welche Möglichkeiten und welche Grenzen siehst Du?

Elton Prifti: Seit einigen Jahren hält die Digitalisierung zunehmend Einzug in verschiedene Bereiche der Sprachwissenschaften. Dies gilt in besonderer Weise für die Lexikographie. In der Regel handelt es sich dabei um die Nutzung eines neuen Mediums für die Veröffentlichung und die Nutzung der lexikographischen Werke. Ziel der Digitalisierung des *LEI* ist allerdings nicht nur die

11

online-Publikation des *LEI*, die gewiss eine höhere Qualität und Effizienz der Nutzung des Wörterbuchs gewährleistet, sondern – und vor allem – auch die tiefergreifende Digitalisierung des gesamten, komplexen Redaktionsprozesses. Dieser Innovationsprozess bringt viele wichtige Vorteile mit sich, die neue Perspektiven eröffnet und sogar den Weg zu einem Paradigmenwechsel in der historischen Wortforschung zu ebnen vermag. Mit der Digitalisierung des *LEI* geht eine innovative Strukturierung der lexikographischen Daten einher, die unter anderem die Vernetzung des *LEI* mit anderen Projekten, die Erstellung semantischer, morphologischer und phonologischer Taxonomien sowie das ad hoc-Generieren von digitalen Sprachkarten ermöglicht. Nicht minder wichtig ist die Beschleunigung der Redaktionsprozesse, die durch die Automatisierung vieler Arbeitsschritte erzielt wird.

Ich denke, dass wir in den kommenden Jahren und Jahrzehnten auch in der Romanistik zunehmend eine Digitalisierung erleben werden, die zu einer neuen Qualität von Methoden und Ergebnissen führen wird.

promptus: Könntest Du darauf eingehen, wie Du Dir die für die Durchführung des Projektes notwendigen digitalen Kompetenzen angeeignet hast?

Elton Prifti: Für die Konzipierung und Planung eines derart umfassenden Digitalisierungsprojektes wären die Kenntnisse, die ich über die Jahre hinweg durch mein persönliches Interesse für die Informatik im Allgemeinen angeeignet hatte, nicht ausreichend gewesen. Es war notwendig, das Grundlagenwissen durch systematisches Selbststudium stetig zu erweitern. Nicht weniger hilfreich war der ständige Austausch mit Informatikerinnen und Informatikern, sowohl in theoretischer Hinsicht als auch im Hinblick auf die Anwendung. Darüber hinaus habe ich immer versucht, mich zum einen über die neuesten Entwicklungen und Tendenzen in der Informatik zu informieren, und zum anderen mich mit andren Projekten, die eine Vorreiterrolle spielen, vertraut zu machen.

Die Digitalisierung wird zunehmend unseren Forschungsalltag bestimmen. Es ist daher wichtig, informatische Methoden und Anwendungen systematisch zum festen Bestandteil der romanistischen Grundausbildung zu machen.

promptus: Beim *LEI* handelt es sich ja um ein riesiges Drittmittelprojekt, das unter anderem vom italienischen Staatspräsidenten, Professor Sergio Mattarella, durch die Einweihung der Wiener Arbeitsstelle des *LEI* während seines Staatsbesuchs in Wien im Juli 2019 gewürdigt wurde. Wie wichtig sind Drittmittel für die Bewerbung auf eine Professur? Denkst Du, dass das Arbeiten an mehreren (Drittmittel-)Projekten für junge Wissenschaftlerinnen und Wissenschaftler immer essenzieller für ihre berufliche Karriere wird?

Elton Prifti: Drittmittelprojekte sind meines Erachtens in vielerlei Hinsicht von Vorteil, ebenso wie die Teilnahme an verschiedenen Projekten. Eine wichtige Rolle spielen dabei allerdings auch die wissenschaftliche Relevanz, das Innovationspotenzial und die Qualität des Projekts. Für nicht minder nützlich erachte ich im Übrigen auch die Vernetzung und den regelmäßigen Erfahrungsaustausch auf inhaltlicher und methodischer Ebene, sowohl mit anderen Projekten als auch mit den daran beteiligten Kolleginnen und Kollegen.

promptus: Du bist 2013 ja als Juniorprofessor an die Universität Mannheim berufen worden, bist aber zusätzlich auch den Weg der Habilitation gegangen und wurdest 2015 an der Universität des Saarlandes habilitiert: Wie siehst Du die verschiedenen Qualifizierungswege im Hinblick auf Habilitation, Juniorprofessur (mit/ohne Tenure Track) oder Nachwuchsgruppenleitung? Wo bestehen Vor- und Nachteile?

Elton Prifti: Die Entscheidung, dem vor der Berufung nach Mannheim eingeschlagenen Weg zur klassischen Habilitation weiterhin zu folgen, fiel mir nicht schwer. Es war eine bewusste, obgleich organisatorisch nicht gerade einfache Wahl, das Habilitationsvorhaben so sorgfältig, wie ursprünglich geplant, voranzubringen. Auch der einfachere Weg, mit einer kumulativen Leistung habilitiert zu werden, kam für mich nicht wirklich als eine Option in Betracht. Bei der erfolgreichen Planung und Durchführung der Habilitation war mir die Unterstützung meines Freundes, aufmerksamen und fürsorglichen Mentors und ausgezeichneten Kollegen, Wolfgang Schweickard, dem ich vieles verdanke, sehr wichtig.

Seitdem sind nun ja sechs Jahre vergangen. Nicht wenig hat sich seitdem verändert. Stellen für Juniorprofessorinnen und Juniorprofessoren werden erfreulicherweise häufiger ausgeschrieben. Ich denke allerdings, dass der Stellenwert der Habilitation dadurch keine Einbußen erlitten hat. Bei der Habilitation sehe ich keinerlei Nachteile. In besonderer Weise empfehle ich Inhaberinnen und Inhabern von Juniorprofessuren ohne Tenure Track, sich frühzeitig und sorgfältig auf die Zukunftsperspektiven für die Zeit nach dem Ablauf der Juniorprofessur vorzubereiten.

promptus: Gemeinsam mit Eva Buchi, Claudia Polzin-Haumann und Wolfgang Schweickard leitest Du die *Zeitschrift für romanische Philologie*, eine der renommiertesten romanistischen Fachzeitschriften im deutschsprachigen Raum, sowie die dazugehörigen *Beihefte*, in denen regelmäßig exzellente Fachpublikationen erscheinen. Welche Tipps würdest Du allgemein jungen Romanistinnen und Romanisten geben?

Elton Prifti: Über die ausgezeichneten Fachkenntnisse in zwei romanischen Sprachen der Romania «maior», eine exzellente Theorie- und Methodenkompetenz sowie ein sehr gut fundiertes sprachgeschichtliches Wissen hinaus, die ich ja voraussetze, wären meines Erachtens thematische Breite und systematisches Interesse für mindestens eine Sprache der Romania «minor» sowie digitale Kompetenzen von grundlegender Bedeutung. Weitere Ingredienzien eines erfüllten Forscherlebens sind aber Neugierde und Offenheit, Kreativität, Mut, Fleiß, Selbstdisziplin, Ausdauer und schließlich Leidenschaft.

promptus: Lieber Elton, ich danke Dir vielmals für das äußerst interessante Interview.

Das Interview mit Elton Prifti führte Lukas Eibensteiner. Es wurde aufgrund der Corona-Pandemie schriftlich durchgeführt.

Tim Christmann (Saarbrücken)

Grenzerfahrung, Grenzüberschreitung, Grenzüberwindung: Das Falkland/Malvinas-Trauma in Lola Arias' Film *Teatro de Guerra* (2018)

This article will examine the cinematic approach to the trauma of the Falklands/Malvinas War in Lola Arias' film *Teatro de Guerra* (AR/ES, 2018). The armed conflict between Argentina and Great Britain in 1982 can be understood as a traumatic liminal experience, whose artistic reception pushes conventional aesthetics to their limits and calls for innovative representational strategies. Based on a cultural studies approach to the Falklands/Malvinas War as a collective trauma, this contribution will highlight selected moments of aesthetic border crossing in *Teatro de Guerra*, by which the film succeeds in transcending boundaries between former enemies of the war.

Keywords: *Trauma; documentary film; cultural memory; Falklands War; Malvinas;*

1 Der Falklandkrieg: eine traumatische Grenzerfahrung

Militärische Auseinandersetzungen wie der Krieg um die etwa 500 Kilometer vor der patagonischen Küste gelegenen Falklandinseln – in Argentinien als *Islas Malvinas* bezeichnet – lassen sich auf verschiedenen Ebenen als Grenzerfahrungen und Grenzüberschreitungen verstehen. Die Landung argentinischer Truppen auf der seit 1837 von Großbritannien verwalteten Inselgruppe im Südatlantik am 2. April 1982 wurde von der Regierung in London und großen Teilen der britischen Zivilgesellschaft als völkerrechtswidrige Grenzverletzung gewertet, während die Militärjunta in Buenos Aires die seit Jahrhunderten umstrittenen Besitzansprüche auf die Eilande mittels der gewaltsamen Invasion endgültig für sich zu entscheiden beabsichtigte. Der damalige argentinische Präsident und Diktator Leopoldo Galtieri erhoffte sich durch einen raschen Sieg über das Vereinigte Königreich die massiven innenpolitischen Probleme sowie die desolate Menschenrechtslage im eignen Land kaschieren zu können. Nach nur drei Monaten brutaler Kämpfe stand die Niederlage Argentiniens, die 655 argentinischen und 255 britischen Soldaten das Leben gekostet hatte und

17

gleichzeitig den Anfang vom Ende der seit 1976 herrschenden Diktatur einläutete.

Für die Inselbewohner*innen und insbesondere die Soldaten und deren Angehörige stellt dieser Disput um nationale Grenzziehungen in erster Linie ein traumatisches Ereignis und somit eine Grenzerfahrung im physischen und psychischen Sinne dar. In seiner für die interdisziplinäre Traumaforschung grundlegenden Monografie *The Trauma Question* definiert Roger Luckhurst Trauma als «piercing or breach of a border» (2008: 3), also als ein existenziell lebensbedrohliches Erlebnis, das aufgrund seiner ungeahnten Wucht die seelischen Schutzmechanismen eines Individuums derart überlastet, dass die Betroffenen noch jahrelang unter den Spätfolgen leiden. Wenngleich eine Vielzahl der Falkland/Malvinas-Veteranen bis heute unter Posttraumatischen Belastungsstörungen leidet (Etchebarne 2002; Robinson 2011: 569-570), wird den ehemaligen Soldaten im kollektiven Gedächtnis Argentiniens und Großbritanniens bislang nur ein marginaler Platz beigemessen. Während der erinnerungspolitische Diskurs im Vereinigten Königreich den Konflikt im Südatlantik inzwischen zu einem unbedeutenden «distant war» (Maltby 2016: 2) degradiert hat und diesbezüglich ein unreflektiertes «standard hero narrative» (ibid.: 33) vorherrscht, das den britischen Veteranen meist schon die Möglichkeit einer Traumatisierung aufgrund ihres Sieges in Abrede stellt, ist die *Guerra de las Malvinas* in ihrer Qualität als unbewältigtes nationales Trauma in Argentinien allgegenwärtig. Dies bedeutet indes nicht, dass die Bedürfnisse der ehemaligen Soldaten oder der Hinterbliebenen im Mittelpunkt staatlicher Erinnerungspolitik stehen. Stattdessen lässt sich ihre Position als ein «liminal state at the fringes of postdictatorship transitional justice» (Montez 2018: 9) beschreiben. So dienten die Männer zwar einer menschenverachteten Diktatur, wurden nicht selten aber selbst Opfer des Regimes, das seine eigenen Soldaten foltern ließ. Sie wurden als Helden verabschiedet und kehrten nach nur wenigen Wochen als Besiegte zurück. Auch wenn der Krieg von einer verhassten Militärjunta begonnen wurde, so befürwortete und befürwortet heute noch eine Mehrheit der Argentinier*innen eine *recuperación* der als besetzt erachteten Malvinas. Vitullo resümiert die Ambiguität, mit welcher in Argentinien bis in die Gegenwart auf den Falklandkrieg geschaut wird, wie folgt:

Este apoyo mayoritario de la sociedad, y el hecho de que la derrota haya
implicado una victoria al facilitar el camino para el regreso de la democracia,
convierten a esta guerra en una suerte de punto ciego de la historia nacional, en
un espacio liminal, extirpado de la periodización histórica que encierra el
término *dictadura*, pero ajeno también a *democracia* (2006: 29).

Es ist gerade diese Kombination aus ambivalenter Verortung des Krieges in
einem diffusen Grenzbereich zwischen Diktatur und Demokratie, dem Status
der Veteranen als Repräsentanten *und* Opfer der Militärjunta sowie die unein-
deutige Positionierung der argentinischen Gesellschaft gegenüber den Ereig-
nissen von 1982, die «die Verarbeitungsmöglichkeiten des Kollektivs [überfor-
dert]», wie es Angela Kühner (2008: 88) in Analogie zum Trauma-Phänomen
auf individueller Ebene formuliert, und die den Malvinas-Krieg zu einem kollektiven Trauma werden lässt, das imstande zu sein scheint, den argentinischen
Memoriadiskurs an seine Grenzen zu bringen. Charakteristisch hierfür ist eine
«Dialektik von Auseinandersetzung und Abwehr» (ibid.: 90), welche die Erinnerung an den Falkland-Konflikt in Argentinien auszeichnet: Während nach
dem Ende der Militärjunta zunächst ein unter der Bezeichnung *desmalvinización*
bekannt gewordener Diskurs des (Ver-)Schweigens die traumatische Erinnerung unterdrücken sollte und die Malvinas fast gänzlich aus der öffentlich intensiv geführten Debatte um die Aufarbeitung der Diktatur ausgeklammert
wurden (Hemer 2018: 152), gibt es inzwischen starke Bestrebungen, zuallererst
mittels kultureller Objektivationen wie den im ganzen Land anzutreffenden
Hinweistafeln mit der Aufschrift «Las Malvinas son Argentinas», Gedenktagen
oder dem Singen von Liedern in Schulen die Erinnerung wachzuhalten. Dabei
suggeriert der erinnerungspolitische Diskurs, vergleichbar dem klinisch-psychi-
schen Diskurs auf individueller Ebene,[1] dass einzig und allein die politisch-kul-
turelle (Wieder-)Eingliederung der vom restlichen Argentinien abgespaltenen
Falklandinseln – Lorenz (2013: 21) spricht anschaulich von einem «fragmento
separado del cuerpo nacional» – Aussicht auf eine Überwindung des nationalen
Traumas bietet (cf. hierzu auch Hemer 2018: 151). Der Malvinas-Krieg ist im
argentinischen Kontext demnach in erster Linie ein «symbolvermittelte[s]
Trauma» (Kühner 2008: 109), das den zahlreichen individuellen Traumata der

---

[1] Ein psychisches Trauma widersetzt sich der Integration ins Bewusstsein des betroffenen
Subjekts. Trauma-Therapien zielen daher darauf ab, das vom Bewusstsein abgespaltene
Erlebte in die Erinnerung zu überführen (Assmann/Jeftic/Wappler 2014: 14).

Veteranen nur unzureichend Bedeutung beimisst. Welche fatalen Konsequenzen dies nach sich zieht, wird angesichts hunderter Suizide ehemaliger Soldaten (Etchebarne 2002) augenscheinlich.

McGuirk (2007: iv) begreift den Krieg von 1982 als ein «unfinished business [...] that still provokes reaction, and at every level of society». Mit seiner Feststellung betont er die Langzeitfolgen des Falkland/Malvinas-Traumas, das auch fast vier Jahrzehnte nach dem lediglich 74 Tage dauernden Konflikt nach vielfältigen Formen der Bearbeitung verlangt. Dass eine ästhetische Auseinandersetzung in Film, Theater, Literatur und Kunst einen privilegierten Zugang zu (kollektiven) Traumata bieten kann, heben nicht nur Kalpan/Wang (2004: 12) hervor, die ganz allgemein eine gesteigerte kulturelle Produktion infolge traumatischer Perioden konstatieren. Gleichermaßen kommt Vitullo in ihrer Studie zur literarischen und kinematographischen Rezeption des Falklandkrieges in Argentinien zu dem Schluss: «Malvinas es un malestar en la conciencia nacional al que el discurso político parece no poder enfrentarse pero la literatura sí» (2012: 16). Ein Blick in die Sekundärliteratur zur Thematik verdeutlicht, wie intensiv der Falklandkrieg von argentinischen und britischen Kunst- und Kulturschaffenden rezipiert worden ist und wird. Die wohl umfassendste Studie hierzu hat Bernard McGuirk mit seiner 2007 erschienen Monografie *Falklands-Malvinas* vorgelegt. Ein Überblick über mehr als 40 argentinische Werke zum Malvinas-Konflikt ist ebenfalls bei Vitullo (2012: 193-194) und Montez (2018: Kapitel 4) zu finden, wobei Rodolfo Fogwills Roman *Los Pichiciegos* (1983) zumeist die Rolle einer «ficción fundacional de la guerra» (Vitullo 2012, 72) zugewiesen wird. Die Wirkmacht dieses ersten wie vieler nachfolgender Romane, Filme und Theaterstücke liegt vor allem darin begründet, dass sie nicht dem offiziellen heroisierenden Erinnerungsdiskurs anheimfallen (Schlickers 2016: 296), sondern das kollektive Trauma *von unten* zu perspektivieren versuchen, indem sie die zahlreichen individuellen Traumata in den Fokus der Betrachtung rücken.

2 Rezeption des Falkland/Malvinas-Traumas: Lola Arias' ästhetische Grenzüberschreitungen

Die 1976 in Buenos Aires geborene Lola Arias hat sich einen Namen als Autorin, Theater- und Filmregisseurin, Performerin und Musikerin gemacht, die den Fokus ihres Schaffens auf die Aufarbeitung von Diktatur- und Gewalterfahrungen legt und dabei stets transnationale und transgenerationale Verflechtungen der Erinnerung(en) an diese traumatischen Ereignisse in den Blick nimmt. In den identisch konzipierten Bühnenstücken *Mi vida después* (2009) und *El año en que nací* (2012)[2] etwa rekonstruieren professionelle Schauspieler*innen mithilfe authentischer Objekte wie Fotos, Briefen oder Kleidungsstücken das Leben ihrer Eltern unter der argentinischen bzw. chilenischen Militärdiktatur und legen so Unterschiede aber auch Gemeinsamkeiten des Gedenkens offen. Eine ähnliche Annäherung an das Trauma des Falklandkrieges verfolgt der Film *Teatro de Guerra* (engl. *Theatre of War*), Arias' Debüt als Regisseurin, das auf der Berlinale 2018 mit dem Preis der ökumenischen Jury sowie dem Art Cinema Award der Confédération internationale des cinémas d'art et d'essai ausgezeichnet wurde. Protagonisten des als Dokumentarfilm klassifizierten Werks sind sechs Falkland/Malvinas-Veteranen: die drei Argentinier Gabriel Sagastume, Marcelo Vallejo und Rubén Otero sowie die drei ehemaligen britischen Soldaten David Jackson, Lou Armour und Sukrim Rai. Die Männer sind nicht zum ersten Mal Teil eines Projektes zur Aufarbeitung des Konfliktes im Südatlantik. Vielmehr ist *Teatro de Guerra* eingebettet in ein von Arias konzipiertes komplexeres, transmediales Gesamtprojekts, das 2014 mit der Videoinstallation *Veteranos* seinen Anfang nahm: In Kurzfilmen stellen fünf argentinische Veteranen, unter ihnen Marcelo Vallejo, für sie einschneidende Kriegserfahrungen an alltäglichen Orten wie beispielsweise dem Arbeitsplatz nach. Durch diese Form des Reenactments, das im Rahmen der anschließenden Filmanalyse noch genauer besprochen wird, werden Formen traumatischer Wiederkehr und Intrusion in die alltägliche Gegenwart problematisiert. Seine Fortsetzung findet diese

---

2 Eine komplette Übersicht über das umfangreiche Schaffen Lola Arias' findet sich auf der Homepage der Künstlerin: https://lolaarias.com/category/projects/ (zuletzt eingesehen am 25.1.2021).

erste Annäherung an das Falkland/Malvinas-Trauma im transnationalen Bühnenspiel *Campo Minado/Minefield*, das 2016 auf dem Brighton Festival Premiere feierte, sechs Monate später erstmals in Buenos Aires zu sehen war und seither in zahlreichen Ländern aufgeführt wurde und 2017 als bilinguales Buch in englischer und spanischer Sprache erschienen ist. In *Campo Minado/Minefield* stehen die obengenannten sechs ehemaligen Kriegsteilnehmer erstmals *gemeinsam* vor einem Publikum, wo sie ihren ganz persönlichen aber auch ihren mit den anderen Veteranen geteilten traumatischen Erinnerungen Ausdruck verleihen. Zwar ist Arias' Stück nicht das erste dokumentarische Bühnenwerk über den Falklandkrieg und dessen Nachwirkungen. Perera betont jedoch treffend, dass es das erste ist, das explizit den Versuch unternimmt, die «imposibilidad de una memoria única sobre Malvinas» (2016: 163) zu thematisieren.

In *Teatro de Guerra* begleiten wir dieselben drei argentinischen und drei britischen Soldaten abermals bei ihrer kollektiven Erinnerungsarbeit. Nicht nur der Titel des Films nimmt Bezug auf die ihm zugrundeliegende Bühneninszenierung, sondern auf inhaltlicher Ebene ist *Campo Minado/Minefield* ebenso stets präsent. Denn zum einen finden sich zahlreiche Szenen in *Teatro de Guerra* so oder so ähnlich bereits im Drama, zum anderen problematisiert der Film metareflexiv den mühsamen Entstehungsprozess von *Campo Minado/Minefield*, setzt hierbei aber ganz eigene Akzente, wie noch zu zeigen sein wird. Die Hauptintention von Arias' Gesamtprojekt zum Falkland/Malvinas-Trauma lässt sich jedoch schon an dieser Stelle erkennen: Indem es die subjektive Erinnerung der Kriegsveteranen in den Mittelpunkt rückt, begreift es sich als Gegendiskurs zur eingangs skizzierten offiziellen Erinnerungspolitik sowohl in Argentinien wie auch in Großbritannien. Wenig verwunderlich scheint daher die fast gänzlich ausgebliebene Unterstützung des Projekts durch offizielle Einrichtungen in Argentinien (Perera 2016: 168). Und noch etwas anderes zeigt der Blick auf das transmediale Falkland/Malvinas-Projekt: Eine ethisch angemessene künstlerische Rezeption traumatischer Grenzerfahrungen, ob individuell oder kollektiv, bringt konventionelle Muster und Ästhetiken an ihre Grenzen. Eine adäquate Annäherung an das und die Bearbeitung des Traumas, das sich aufgrund seiner sinnzerstörenden Wucht zunächst jeglicher Repräsentation zu entziehen scheint und daher allzu oft als «the ultimate limit of representation» (Kaplan/Wang 2004: 4) angesehen wurde, verlangt nach Innovationen auf formal-stilistischer und inhaltlich-thematischer Ebene, erfordet also ästhetische Grenzüberschreitungen, wie sie in Lola Arias' Arbeiten auszumachen sind.

3   *Teatro de Guerra*: Grenzverwischung und Grenzüberwindung

«Film visualisiert, kommuniziert, transformiert traumatische Wunden und bereichert den Traumadiskurs um neue Darstellungsweisen und symbolische Deutungsmuster», schreibt Köhne (2012: 7) in der Einleitung zum von ihr herausgegebenen Band *Trauma und Film. Inszenierungen eines Nicht-Repräsentierbaren*. Gleichermaßen bereichert *Teatro de Guerra* Lola Arias' Gesamtprojekt um eine cineastische Perspektive auf das Trauma des Falklandkrieges, die *Veteranos* und *Campo Minado/Minefield* nicht einnehmen (können). Anders als das Theaterstück, das nach einem kurzen Prolog mit der Vorstellung der Protagonisten einsetzt, nimmt der Film ein für den Briten Lou zentrales traumatogenes Ereignis zum Ausgangspunkt seiner fragmentarischen Handlung, die keiner chronologisch-linearen Erzählachse zu folgen scheint. Die Eröffnungssequenz (0:00:52-0:04:11)[3] zeigt in einer Halbtotalen, wie die sechs Protagonisten von links und rechts in eine leere, ruinöse, nicht geografisch zu verortende Halle kommen. Die Veteranen bewegen sich langsam durch den Raum und gehen allmählich dazu über, eine Kriegsszene nachzustellen, in der ein argentinischer Soldat in den Armen Lous seinen Verwundungen erliegt. Bereits in diesen ersten Szenen lassen sich für das gesamte Werk paradigmatische Momente der Grenzüberschreitungen und -verwischungen analysieren.

Zunächst beobachtet der Zuschauende den Eintritt der Männer in das filmische Bild und gleichzeitig den Übertritt von der realen in eine konstruierte Welt, die den Rahmen der Traumabearbeitung bildet. Dieser Rahmen (cf. Elsaesser/Hagener 2017: 29), der ästhetische Artefaktstatus der Bearbeitung des Falkland-Traumas wird demnach nicht nur im Titel des Films, *Teatro de Guerra*,

---

3   Die Zeitangaben beziehen sich auf die am 24. Juni 2019 auf Arte ausgestrahlte Version von *Teatro de Guerra*. In der deutschen Version trägt der Film den Untertitel *Der Krieg in ihren Köpfen*.

sinnfällig, sondern von Anfang an betont und im weiteren Verlauf immer wieder bewusst markiert. Dies mag erklären, weshalb in zahlreichen Einstellungen Mitglieder der Filmcrew oder die technische Ausrüstung (z.b. Mikrofone, Scheinwerfer, Kabel) explizit in Szene gesetzt werden (0:08:26-0:14:05). In seinem für das lateinamerikanische Dokumentarkino charakteristischen, metafilmischen und metareflexiven Duktus appelliert der Film an das Publikum, das «Wissen um die Inszenierungsaspekte des Dargestellten» (Diekmann 2014: 92) nicht aus dem Bick zu verlieren. Notwendig scheint dies nicht zuletzt deshalb, weil in *Teatro de Guerra* – und das ist ebenfalls emblematisch für den Dokumentarfilm in Lateinamerika (cf. Arenillas/Lazzara 2016: 2) – die Grenzen zwischen Dokumentation und Fiktion durch das Verfahren des Reenactments an vielen Stellen aufzuweichen beginnen. Kommen wir noch einmal zur oben beschriebenen Eröffnungssequenz zurück: Das Reenactment des für Lou traumatischen Erlebnisses ist kein simples, originalgetreues Nachstellen, das Anspruch auf historische Authentizität erheben möchte. Das legen allein schon die zivile Alltagskleidung der Veteranen sowie der sie umgebende, neutrale Raum nahe. Der Rahmen lässt keinen Zweifel daran, dass sich die Protagonisten physisch im Hier und Jetzt befinden. Und dennoch verwischen die Grenzen zwischen Kriegs- und Nachkriegszeit, zwischen Vergangenheit und Gegenwart an einigen Stellen des Films zusehends und die sechs Männer scheinen nach und nach in ihre Kämpferrollen zurückzukehren. *Teatro de Guerra* problematisiert auf diese Weise, wie schon die Videoinstallation *Veteranos*, die quälende Wiederkehr des traumatischen Ereignisses in einer Gegenwart, die sich mit Leys als «painful, dissociated traumatic present» (2000: 3) bezeichnen lässt. In einer späteren Szene wird das Zusammenfallen der Zeitebenen visuell dadurch markiert, dass die ehemaligen Soldaten Teile ihrer alten Uniform wieder anlegen – aber eben nur *Teile* (0:18:45-0:19:40; 0:20:12-0:20:45).

Und noch eine dritte Sequenz (0:48:56-0:51:43) soll als Beispiel dafür dienen, dass eine unkontrollierte und vollständige Intrusion der traumatischen Vergangenheit in *Teatro de Guerra* gerade nicht stattfindet. Wir sehen Lou in einer britischen Uniform. Die Kamera fokussiert seinen Mund, aus dem abermals die Erzählung über den Tod des argentinischen Soldaten zu vernehmen ist. Lous Stimme ist auch dann noch zu hören, als sich seine Lippen nicht mehr bewegen. Diese Stimme, die aus dem Off kommt, gehört dem jungen Soldaten

Lou, der in einer Fernsehdokumentation aus dem Jahre 1984 schon einmal Auskunft über das traumatische Ereignis gegeben hat. Nach einem Schnitt wird eben dieses Interview, in dem Lou dieselbe Uniform trägt, Teil der filmischen Diegese von *Teatro de Guerra*. Das Verschwimmen der Zeitgrenzen ist eine Rückkehr zu Lous Trauma, das ihn 1984 noch sichtlich stärker belastet als in der Gegenwart. Und so werden die Zuschauer*innen zwar Zeug*innen einer *Auseinandersetzung* mit dem Trauma, die jedoch keine traumatische *Wiederkehr* impliziert. Denn inzwischen hat Lou gelernt, so sagt er selbst, eine lindernde Distanz zur Grenzerfahrung aufzubauen und diese als eine kohärente Geschichte zu narrativieren. Betrachten wir erneut die bereits mehrfach zitierte Eingangssequenz, zeigt sich, dass das Reenactment gleichwohl in starkem Maße durch narrative Momente geprägt ist. Indem Lou seine Handlungen kommentiert, gelingt es ihm, sein Trauma in einer kohärenten Erzählung zu reflektieren. Seinen Kulminationspunkt erreicht der traumareflexive Modus im Nachstellen eines Kriegserlebnisses durch die Veteranen mithilfe eines Miniaturmodells und kleiner Kunststofffiguren (0:23:20-0:25:56). Auch dies ist eine Form des Reenactments, das in seiner betonten Artifizialität darauf verweist, dass es «[f]ür den traumatischen Ursprung [...] kein kohärentes Bild mehr geben [kann]» (Köhne 2012: 8f.), der Krieg also selbst nicht adäquat und erst recht nicht wirklichkeitsgetreu repräsentierbar ist, sondern lediglich in Form seiner bis in die Gegenwart reichenden traumatischen Konsequenzen gefasst werden kann. Lola Arias reiht sich durch den Rekurs auf diese von Blejmar als «playful memories» oder «toy memory art» (2016: 51) bezeichnete Vergangenheitsaufarbeitung in eine Riege junger argentinischer Kunstschaffender ein, die in ihren Werken die «limitations of monuments and conventional testimonies when dealing with the legacies of the traumatic past» (ibid.: 54) ausreizen und deren bekannteste Vertreterin wohl Alberta Carri mit ihrem Film *Los rubios* (2003) ist.

Das Nachstellen der Kriegsszenen sowie der Umgang mit dem Trauma im Allgemeinen alterniert in *Teatro de Guerra* also zwischen zwei Bewegungsrichtungen, die laut Elizabeth Jelin für das Zeugnisablegen unabdingbar sind: «Regresar a la situación límite, pero también regresar de la situación límite. Sin esta segunda posibilidad, que significa salir y tomar distancia, el testimonio se torna imposible» (2012: 124). Ein Verharren in der traumatogenen Grenzsituation hat Lola Arias von vornherein zu verhindern versucht, da sie die Filmdialoge als Ergebnis von Gesprächs- und Aushandlungsprozessen mit den Protagonisten gescriptet hat. Lola Arias bemerkt diesbezüglich: «Todas estas escenas de la película son, a la vez, auténticas y artificiales» (Press Kit 2018: 3). Zwar wird vielerorts nie vollkommen ersichtlich, wo in dieser und vielen anderen Szenen des Films die Grenzen zwischen Schauspiel und Spontaneität, «dem semiotischen Körper und dem phänomenalen Leib» (Fischer-Lichte 2012: 12), zwischen pathologischem «acting-out» und therapeutischem «working-through» (LaCapra 1994: 205) liegen. Doch die Teilnahme an Arias' Filmprojekt entpuppt sich für Lou und die anderen traumatisierten Männer als eine Therapie, die ihnen dabei hilft, aus ihrer vermeintlich passiven Opferrolle herauszutreten. Die Veteranen, so könnte man sagen, spielen im wahrsten Sinne die Rolle ihres Lebens und bauen durch eben dieses auf vorgegeben Dialogen basierende Spiel eine Distanz zur eigenen belastenden Vergangenheit auf und können erst so ihr Zeugnis ablegen. In diesem Sinne evoziert und dokumentiert *Teatro de Guerra* kein traumatisches *Re*-enactment, sondern vielmehr ein angeleitetes «conscious enactment» (Levine 2009: 61). Begreift man Gefühle von Ohnmacht und Hilflosigkeit als grundlegende Erfahrungen von Traumatisierten, stellen Strategien der Selbstermächtigung und Zurückgewinnung von Kontrolle effektive Heilungsansätze dar (Kühner 2008: 50). Auf die Frage, welche Rolle er in einem Film über den Krieg am liebsten einnehmen würde, antwortet einer der argentinischen Veteranen: «Yo me siento protagonista» (0:06:17-0:06:43). *Teatro de Guerra* bietet den ehemaligen Soldaten die Chance, nicht nur die Rolle des kinematographischen Protagonisten zu verkörpern. Vielmehr wird ihnen wieder eine Verfügungsgewalt über die eigene Erinnerung zuteil, die die unkontrollierbare Dominanz des Traumas abmildert. Ihre aktive Partizipation am erinnerungskulturellen Diskurs zum Falklandkrieg erhebt die Veteranen in den Rang von «archaeologist[s] of [their] own past», wie Teichert (2020: 1139) bezugnehmend auf eine Szene analysiert, in der der Argentinier Marcelo authentische Kriegsobjekte wie Stiefel, Jacken oder Karten aus einer Holzkiste hervorholt und seine damit verbundenen Erinnerungen zum Ausdruck bringt (0:07:52-0:08:26).

Gewiss, jeder der Männer hat den Krieg auf seine ganz individuelle Art und Weise durchlebt und erlitten, natürlich hat jeder der Veteranen seine ganz eigene, subjektive Sicht auf und Erinnerung an das Jahr 1982. *Teatro de Guerra* verhehlt nicht, dass zwischen den einstigen Feinden bis heute fundamentale ideologische Grenzen existieren. Erkennbar wird dies an den T-Shirts mit dem Aufdruck «Las Malvinas son Argentinas», welche die argentinischen Protagonisten fast ausnahmslos tragen. Auch wenn die Frage der territorialen Zugehörigkeit der Inseln bis heute offen ist, gibt es doch etwas, das allen Veteranen gemein ist: ihr Falkland/Malvinas-Trauma. Denn trotz seiner destruktiven Wirkung, darf die kollektive und somit verbindende Dimension des Traumas nicht außer Acht gelassen werden. Erikson formuliert anschaulich: «So trauma has both centripetal and centrifugal tendencies. It draws one away from the center of group space while at the same time drawing one back» (1995: 186). Inwieweit Trauma tatsächlich als «very link between cultures», um Cathy Caruths (1995: 11) berühmtes Diktum an dieser Stelle zu bemühen, fungieren kann, beweisen die Protagonisten in *Teatro de Guerra*, wenn sie gemeinsam musizieren oder in einer Diskothek tanzen. Eine besonders starke Ausprägung findet das verbindende Momentum des Films in einer inszenierten Therapiesitzung, in welcher der Argentinier Marcelo dem Briten David Jackson von den Symptomen seiner Posttraumatischen Belastungsstörung berichtet (0:30:22-0:32:16). In dieser Szene, deren dokumentarischer oder fiktionaler Status nicht eindeutig zu bestimmen ist, verflüssigen sich die Dichotomien zwischen Opfer und Täter, Freund und Feind, Gut und Böse. Die Einzelschicksale Marcelos und der anderen fünf Veteranen stehen dem zwischen Heroisierung und Viktimisierung alternierenden erinnerungspolitischen Diskurs zum Falklandkrieg (cf. Hemer 2018: 155) diametral gegenüber und unterlaufen diesen. Allerdings lassen der Film sowie die Regisseurin selbst wenig Zweifel daran aufkommen, dass dieser «convivio multilingüe y plurinacional» (Perera 2016: 172) lediglich das Resultat einer «comunidad utópica» (Arias zit. in Méndez 2018) bildet, eine fiktionale Gemeinschaft, die so nur durch Lola Arias' cineastisches Projekt zustande gekommen ist und auch nur in einem neutralen, transnationalen Erinnerungsraum Bestand haben kann. Ästhetisch manifestiert sich dieser von Grenzen losgelöste Ort in denjenigen Szene des Films, die, wie die beschriebene Therapieszene, vor einem nahezu vollständig weißen Hintergrund gedreht wurden. Fast schon einem traumatischen Wiederholungszwang gleich kehrt *Teatro de Guerra* am Ende zu seinem Ausgangspunkt, dem Tod des argentinischen Soldaten in Lou Armours Armen, zurück. Der Kontrast zu den bislang analysierten Szenen könnte größer nicht sein. Denn nun sind es nicht mehr die Veteranen, die als Protagonisten des Reenactments auftreten, sondern Vertreter*innen einer jüngeren Generation, die «von den Vorfahren die Aufgabe übertragen bekommen, das Trauma stellvertretend zu bewältigen» (Kühner 2008: 143). Die transgenerationelle Weitergabe des kollektiven Traumas, also dessen Nachwirken über Generationsgrenzen hinweg, für das Marianne Hirsch (2012: 22) den Begriff der «postmemory» geprägt hat, nimmt in der zweiten Hälfte von *Teatro de Guerra* immer mehr Raum ein. Die Aspekte der Weitergabe reichen von Informationsveranstaltungen der Veteranen in Schulen (0:43:59-0:47:25) bis hin zu dem den Film abschließenden Reenactment, in dem die Repräsentant*innen der zweiten Generation nach und nach in die Rollen der traumatisierten Kriegsteilnehmer schlüpfen. Im Gegensatz zu den vorherigen Reenactment-Szenen in *Teatro de Guerra* scheint nun einer authentischen und realistischer Darstellungsweise mehr Bedeutung beigemessen zu werden: Die jungen Männer und Frauen tragen Kampfuniformen und Waffen, die von denjenigen der Veteranen kaum zu unterscheiden sind. Den Vertreter*innen der nachkommenden Generation werden sogar – wenn auch nur mit Schminke und Kunstblut – Wunden zugefügt, die den Verletzungen der Protagonisten von 1982 ähneln sollen (1:06:36-1:09:59). Anschließend beobachten die verkleideten Jugendlichen, wie die älteren Veteranen, die für Lou traumatogene Szene nachstellen, um in einem finalen Schritt sukzessive den Part ihres jeweiligen Alter Egos zu übernehmen, während Gabriel, Marcelo, Rubén, David, Lou und Sukrim nun ihrerseits die Rolle der Beobachter verkörpern (1:10:00-1:15:00). Was zunächst wie eine traumabedingte Dissoziation, ein Heraustreten aus dem eigenen Körper, anmutet, entpuppt sich letzten Endes als erneute und ultimative «toma de distancia terapéutica» (Visconti 2019: 213). Die sechs Veteranen haben ihr Zeugnis abgelegt und den Vertreter*innen der zweiten Generation den Status von sekundären Zeug*innen übertragen. Aus der transgenerationellen *Weiter*gabe wird nun, so könnte man sagen, eine *Wieder*gabe des Falkland/Malvinas-Traumas. Diese Wiedergabe, versinnbildlicht im Reenactment durch die Jugendlichen, kann im realweltlichen Memoriadiskurs ihren Ausdruck in repräsentativen und performativen Praktiken, wie sie das Kino, das Theater oder die Literatur bereithalten, finden. *Teatro de Guerra* spannt somit den Bogen vom individuellen zum kollektiven Erinnern und betont die Wechselwirkungen zwischen einer unabgeschlossenen Vergangenheit, der Gegenwart und einer offenen Zukunft, die durch das Trauma des Falklandkrieges miteinander verbunden sind.

4   Schlussbemerkung

«De hecho, esta obra necesitó de tiempo. Necesitó de estos 34 años. No me interesa la guerra, me interesa la posguerra» (zit. in Cruz 2016), reflektiert Lola Arias die Entstehung ihres Projektes zum Falklandkrieg von 1982. In der Tat liegt der Fokus von *Teatro de Guerra* nicht auf der traumatogenen Grenzerfahrung des Krieges selbst, sondern auf dessen traumatischen Langzeitfolgen. Die Annäherung daran erfordert den Einsatz filmischer Gestaltungsmittel, die ihrerseits Grenzüberschreitungen implizieren. Mittels metareflexiver, an der Grenze zwischen Fiktion und Dokumentation angesiedelter Techniken sowie seinem stetigen Gegenwartsbezug schafft es der Film, den Topos der Unrepräsentierbarkeit von Traumata zu entkräften und darüber hinaus sogar eine traumalindernde Wirkung zu entfalten. Demzufolge bildet *Teatro de Guerra* nicht einfach eine vorgegebene Realwelt ab, vielmehr generiert der Film neue Realitäten. In erster Linie betrifft dies die sechs Protagonisten. Wenn Reenactments laut Dreschke et al. auf «[die] Wiederaufführung, [das] Nacherleben und [die] Revision» (2016: 10) eines Sachverhaltes abzielen, lässt sich für *Teatro de Guerra* eine Fokussierung des Revisions-Aspektes ausmachen, da die Teilnahme an Lola Arias' Projekt für die Männer eine therapeutische Komponente darstellt und ihren Blick auf die traumatische Vergangenheit nachhaltig modifiziert. Doch Traumata lassen sich nicht auf eine rein individuelle Ebene beschränken, wie Kaplan hervorhebt: «[…] trauma conflates or blurs the boundaries between the individual and the collective» (2005: 19). Und so versteht sich der Film nicht zuletzt als Beitrag zur Bearbeitung des kollektiven Falkland/Malvinas-Trauma, indem er mit seiner unpathetischen Vielstimmigkeit und antimonumentalen Widersprüchlichkeit den hegemonialen Memoriadiskurs in Argentinien und Großbritannien zu untergraben beabsichtigt und alternative Möglichkeiten der Vergangenheitsaufarbeitung bereithält. Jede Aufführung von *Teatro de Guerra* kann auf den erinnerungskulturellen Diskurs zum Falklandkrieg die gleiche Wirkung entwickeln wie die Reenactments auf die sechs Veteranen: ein in das Bewusstseinrufen der Grenzerfahrung, das die bisherigen Bearbeitungsstrategien des Traumas um eine innovative, gegenhegemoniale Perspektive bereichert.

Bibliographie

Arenillas, María Guadalupe; Lazzara, Michael. 2016. «Introduction: Latin American Documentary Film in the New Millennium». In: Dies. (edd.): *Latin American Documentary Film in the New Millennium*. Basingstoke: Palgrave Macmillan, 1-19.

Arias, Lola. 2017. *Minefield/Campo minado*. London: Oberon Books.

Assmann, Aleida; Jeftic, Karolina; Wappler, Friederike. 2014. «Einleitung». In: Dies. (edd.): *Rendezvous mit dem Realen. Die Spur des Traumas in den Künsten*. Bielefeld: Transcript, 9-23.

Blejmar, Jordana. 2016. *Playful Memories. The Autofictional Turn in Post-Dictatorship Argentina*. Cham: Palgrave Macmillan.

-----. 2017. «Autofictions of Postwar: Fostering Empathy in Lola Arias' *Minefield/Campo minado*». In: *Latin American Theatre Review*, Vol. 50, N° 2, 103-123.

Caruth, Cathy. 1995. «Introduction». In: Dies. (ed.): *Trauma. Explorations in Memory*. Baltimore; London: The Johns Hopkins University Press, 3-12.

Cruz, Alejandro. 2016. «El campo minado de la memoria», https://www.lanacion.com.ar/espectaculos/el-campo-minado-de-la-memoria-nid1885262/ (zuletzt eingesehen am 25.1.2021).

Diekmann, Stefanie. 2014. «Der andere Schauplatz. Zur Theaterdarstellung im Kino». In: Kirchmann, Kay; Ruchatz, Jens (edd.): *Medienreflexion im Film. Ein Handbuch*. Bielefeld: Transcript, 87-103.

Dreschke, Anja. 2016. «Einleitung». In: Dies. (ed.): *Reenactments. Medienpraktiken zwischen Wiederholung und kreativer Aneignung*. Bielefeld: Transcript: 9-23.

Elsaesser, Thomas; Hagener, Malte. [5]2017. *Filmtheorie zur Einführung*. Hamburg: Junius.

Erikson, Kai. 1995. «Notes on Trauma and Community». In: Caruth, Cathy (ed.): *Trauma. Explorations in Memory*. Baltimore; London: The Johns Hopkins University Press, 183-199.

Etchebarne, Juan. 2002. «El trauma suicida de las Malvinas», https://www.elmundo.es/cronica/2002/330/1013413872.html (zuletzt eingesehen am 25.1.2021).

Fischer-Lichte, Erika. 2012. *Performativität. Eine Einführung*. Bielefeld: Transcript.

Hemer, Oscar. 2018. «Islands in Distress. Making Sense of the Malvinas/Falklands War». In: Bystrom, Kerry; Slaughter, Joseph R. (edd.): *The Global South Atlantic*. New York: Fordham University Press, 144-164.

Hirsch, Marianne. 2012. *Family Frames. Photography, narrative, and postmemory*. Cambridge; London: Harvard University Press.

Jelin, Elizabeth. [2]2012. *Los trabajos de la memoria*. Lima: Instituto de Estudios Peruanos.

Kaplan, E. Ann. 2005. *Trauma Culture. The Politics of Terror and Loss in Media and Literature*. New Brunswick et al.: Rutgers University Press.

Kaplan, E. Ann/Ban Wang. 2004. «Introduction. From Traumatic Paralysis to the Force Field of Modernity» In: Dies. (edd.): *Trauma and Cinema. Cross-Cultural Explorations*. Hong Kong: Hong Kong University Press, 1-22.

Köhne, Julia Barbara. 2012. «Einleitung: Trauma und Film. Visualisierungen». In: Dies. (ed.): *Trauma und Film. Inszenierungen eines Nicht-Repräsentierbaren*. Berlin: Kadamos, 7-25.

Kühner, Angela. 2008. *Trauma und kollektives Gedächtnis*. Gießen: Psychosozial.

LaCapra, Dominic. 1994. *Representing the Holocaust: History, Theory, Trauma*. Ithaca; London: Cornell University Press.

Leys, Ruth. 2000. *Trauma. A Genealogy*. Chicago; London: The University of Chicago Press.

Levine, Stephen K. 2009. *Trauma, Tragedy, Therapy. The Arts and Human Suffering*. London; Philadelphia: Jessica Kingsley.

Lorenz, Federico. 2013. *Unas islas demasiado famosas. Malvinas, historia y política*. Buenos Aires: Capital Intelectual.

Luckhurst, Roger. 2008. *The Trauma Question*. London; New York: Routledge.

Maltby, Sarah. 2016. *Remembering the Falklands War. Media, Memory and Identity*. London: Palgrave Macmillan.

McGuirk, Bernard. 2007. *Falklands-Malvinas. An Unfinished Business*. Seattle: New Ventures.

Méndez, Mercedes. 2018. «Lola Arias y su personal visión de Malvinas», https://www.clarin.com/revista-enie/escenarios/espacio-urbano/lola-arias-personal-vision-malvinas_0_ryff4gwPm.html (zuletzt eingesehen am 25.1.2021).

Montez, Noe. 2018. *Memory, Transitional Justice, and Theatre in Postdictatorship Argentina*. Carbondale: Southern Illinois University Press.

Perera, Verónica. 2016. «Soberanía estallada: Memorias de Malvinas en *Campo minado* de Lola Arias» In: *Investigacion Teatral*, Vol. 9, N° 13, 159-173.

Press Kit zu *Teatro de Guerra* (2018), http://www.docmontevideo.com/archivos/teatro-de-guerra-kit-de-prensa.pdf (zuletzt eingesehen am 25.1.2021).

Projekte von Lola Arias. https://lolaarias.com/category/projects/(zuletzt eingesehen am 25.1.2021).

Robinson, Lucy. 2011. «Soldiers' Stories of the Falklands War: Recomposing Trauma in Memoir». In: *Contemporary British History*, Vol. 25, N°. 4, 569–589.

Schlickers, Sabine. 2016. «Narraciones perturbadoras: la guerra de Malvinas en literatura y cine» In: Semilla Durán, María A. (ed.): *Relatos de Malvinas. Paradojas en la representación e imaginario nacional*. Villa María: Eduvim, 277-299.

Teatro de Guerra. Regie: Lola Arias. Argentinien; Spanien 2018.

Teichert, Erika. 2020. «Lola Arias' *Campo minado/Minefield* (2016): Exploring Dramatherapy in Documentary Theatre». In: *Bulletin of Hispanic Studies*, Vol. 97, 1131-1146.

Visconti, Marcela. 2019. «Teatro de guerra». In: *Cine Documental*, Vol. 19, 211-214, http://revista.cinedocumental.com.ar/wp-content/uploads/criti5.pdf (zuletzt eingesehen am 25.1.2021).

Virtullo, Julieta. 2006. «Relatos de desertores en las ficciones de la guerra de Malvinas». In: *Hispamérica*, Vol. 35, N° 104, 29-38.

-----. 2012. *Islas imaginadas. La guerra de Malvinas en la literatura y el cine argentinos*. Buenos Aires: Corregidor.

Patricia de Crignis (München)

100 Jahre Vokalschwächung in den *tierras altas*: historische Perspektiven eines (zu) wenig beachteten Aussprachemerkmals[1]

This paper deals with the origin of the hundred-year old theory of *tierras bajas* and *tierras altas*, focusing on the description of vowel weakening within that theory developed in 1921 by Henríquez Ureña. I argue that the early conception of vowel weakening and its dialectal distribution has strongly influenced the kind of research we have been conducting about this phonetic feature to this day. The aim of this study therefore, is to sharpen our understanding of the former zeitgeist of research and to stimulate further big data-based studies on vowel weakening overcoming the traditional dialectal division of *tierras bajas* and *tierras altas*.

Keywords: *tierras bajas*; *tierras altas*; *Vokalschwächung*; *Andalucismo*; *Antiandalucismo*;

1 Einleitung

In der Hispanistik werden Konsonantenschwächungen, insbesondere die Schwächung von silbenfinalem /s/ (z.B. *casita(s)* [kasita^h]/[kasita]) in den sog. *tierras bajas* (Küsten- und anderen Tieflandgebieten), und Vokalschwächungen in unbetonten Silben (z.B. *casit(a)* [kasit], *casit(a)s* [kasits]) in den sog. *tierras altas* (Hochlandgebieten) Hispanoamerikas kontrastiert. Konsonantenschwächungen sind ein relativ gut dokumentiertes Merkmal, über deren Herkunft eine intensive wissenschaftliche Auseinandersetzung geführt wurde (Einfluss andalusischer Varietäten vs. unabhängige Entwicklung). Überraschenderweise handelt es sich bei der Vokalschwächung jedoch um ein eher spärlich dokumentiertes Aussprachemerkmal, das bisher einseitig mit nicht unproblematischen Sprachkontakthypothesen in Verbindung gebracht wurde.

In diesem Beitrag werde ich den Ursprung der 100-jährigen These der *tierras bajas* vs. *tierras altas* mit Fokus auf die Vokalschwächung beleuchten. Ziel

---

[1] Ich bedanke mich bei der anonymen Reviewerin/dem anonymen Reviewer sowie bei den Herausgeber*innen der Zeitschrift für die hilfreichen Kommentare zur vorherigen Version des Artikels.

35

dabei ist es, diese frühen Erkenntnisse über die Vokalschwächung in ihrem wissenschaftlichen Zeitgeist zu situieren und aufzuzeigen, dass die linguistische Forschung von diesen bis heute stark beeinflusst ist. Hierzu werde ich zunächst in Kapitel 2 auffällige Schwächen bei der Beschreibung der Vokalschwächung in Hispanoamerika herausarbeiten (Kap. 2.1) und den Ursprung der These der *tierras bajas* vs. *tierras altas* mit Fokus auf der Beschreibung der Vokalschwächung genauer beleuchten (Kap. 2.2). Daraufhin werde ich in Kapitel 3 die Verbindung der These (Kap. 3.1) mit der sprachwissenschaftlichen Polemik um den *Andalucismo* (Kap. 3.2) und den *Antiandalucismo* (Kap. 3.3) aufzeigen, um zu schlussfolgern, dass aus dieser Verbindung ein Bild der Vokalschwächung als ein eher nebensächliches Kuriosum der *tierras altas* entsteht, das eine Erklärung durch Sprachkontakt nahelegt (Kap. 3.4). Kapitel 4 fasst schließlich die wichtigsten Ergebnisse zusammen und gibt einen Ausblick auf zukünftige Forschungsfragen.

2 Vokalschwächung und die These der *tierras bajas* vs. *tierras altas*

2.1 Die Vokalschwächung in der Hispanistik

Vokalschwächungen in unbetonten Silben (z.B. *casit(a)* [kasit], *casit(a)s* [kasits]) werden in der Hispanistik üblicherweise als ein Charakteristikum der sog. *tierras altas* (Hochlandgebiete) Hispanoamerikas betrachtet (cf. etwa Rosenblat 1970: 39; Canfield 1981: 29, 49, 75; Lipski [6]2009: 20) und in den beiden Gebieten, in denen sie am besten erforscht sind, auf den Kontakt mit indigenen Sprachen zurückgeführt: auf das Nahuatl im Fall Mexikos (cf. Canellada/Zamora 1960) und auf die Quechua-Familie im Fall Perus (Hundley 1983; Delforge 2009). Problematisch ist hierbei zum einen, dass kaum Studien existieren, die die Vokalschwächung auch in den *tierras bajas* (Küsten- und anderen Tieflandregionen) untersucht haben. Aus den wenigen Studien wird außerdem ersichtlich, dass das Merkmal auch in den *tierras bajas* verbreitet ist (cf. Hundley 1983; de Crignis 2018a, b für Peru; Moreno de Alba 1994: 35 für Mexiko). Zum anderen ist die

Sprachkontakthypothese zur Erklärung der Vokalschwächung in Hispanoamerika zwar bis heute populär (cf. Canellada/Zamora 1960 für Mexiko; Hundley 1986; Delforge 2009 für Peru), aber auch problematisch. Es müssen nämlich eine Vielzahl typologisch unterschiedlicher Kontaktsprachen angenommen werden. Viele dieser Sprachen kennen gar keine Vokalschwächungen, so etwa das Nahuatl in Zentralmexiko und fast alle Quechua-Sprachen (cf. de Crignis 2018a: 61-66). Es ist daher viel wahrscheinlicher, dass es sich hierbei um ein altspanisches Merkmal handelt, das mit der Kolonisierung nach Hispanoamerika kam, denn zu dieser Zeit gab es auf der Iberischen Halbinsel wahrscheinlich noch ähnliche Vokalschwächungsprozesse im Spanischen (z.B. asp. <leche> vs. <lech>; *lech(e)* [let͡ʃe] vs. [let͡ʃ] im heutigen Peru; cf. ibid.: 119-128, 212). Synchron sind Vokalschwächungen im iberischen Spanisch insbesondere in aragonesischen Varietäten verbreitet (z.B. arag. *noch* statt *noche*, *corders* statt *corderos*; cf. Saralegui 2010: 44; Vázquez 2010: 350), wobei sie auch in kastilischen Varietäten dokumentiert sind (z.B. kast. *pon(e)* [pon], *clas(e)s* [klas]; cf. Torreblanca 1980: 514). Insbesondere scheint die Vokalschwächung auf der Iberischen Halbinsel aber besonders wenig untersucht zu sein, was möglicherweise am ‹Ruf› des Spanischen als ein Paradebeispiel einer silbenzählenden Sprache mit phonetisch schwach realisiertem Wortakzent, Silbengleichheit in betonter und unbetonter Position, ausgeprägter CV-Silbenstruktur und stabilem Vokalismus liegt (cf. etwa Szczepaniak 2009 zum Spanischen als silbenzählende Sprache). Diesem Bild widersprechen nicht nur die Vokalschwächungen in Varietäten des Spanischen auf der Iberischen Halbinsel und in Hispanoamerika in synchroner Hinsicht, sondern auch die erwähnten Vokalschwächungen im Altspanischen.

2.2 Ursprung der These der *tierras bajas* vs. *tierras altas*

Es ist Henríquez Ureña, der den Unterschied zwischen *tierras bajas* und *tierras altas* vor exakt 100 Jahren in seinem 1921 erschienenen Artikel *Observaciones sobre el español en América* erstmals thematisiert. Dabei handelt es sich um ein Pionierwerk der Varietätenlinguistik, in dem Henríquez 1921 mit beeindruckender Detailgenauigkeit die bisherigen Erkenntnisse insbesondere über die geographische Verbreitung von Aussprachemerkmalen in Hispanoamerika bündelt und systematisiert. Die Textstelle über die *tierras bajas* und *tierras altas* überrascht jedoch aus heutiger Sicht – gerade im Vergleich zu der besonnenen Analyse im restlichen Text –, durch die Annahme einer Klimathese:

> La *influencia del clima*, tan difícil de distinguir, por lo general, parece manifestarse en el siguiente caso: en la República mexicana es fácil observar diferencias fonéticas, [...], entre la *ciudad del México*, situada en ‹*tierra fría*›, a más de 2.000 metros sobre el nivel del mar, y el puerto de *Veracruz*, en la ‹*tierra caliente*›. En la capital, las *consonantes se pronuncian con gran precisión* y aun minuciosidad, en cualquier posición que estén –así, el difícil grupo ‹tl›, con ‹ele› sorda, del idioma *náhuatl*, en palabras como ‹*Tlatauqui*›, ‹*Citlaltépetl*›, ‹*Popocatépetl*›, ‹*tlalco*›, ‹*tlacuache*› [...]–; las vocales son breves, y las *inacentuadas tienden a perderse*: ‹*bloques para apuntes*› > ‹*blocs pr'apunts*›; ‹*viejesito*› > ‹*viejsit°*›; ‹*presioso*› > ‹*psioso*›; ‹*pasa usté*› > ‹*pas-sté*›; en *Veracruz*, la vocal *recobra* – al menos en gran parte – su *plenitud española*, y en cambio la *consonante en fin de sílaba* y en otras posiciones, verbigracia, la ‹de› intervocálica, tiende a *debilitarse*, [...]. Es probable que en *toda América* haya parecidas diferencias de fonética entre las *tierras bajas y las tierras altas*: las tierras altas parecen propender, verbigracia, a conservar la ‹ese› en fin de sílaba y la ‹de› intervocálica; las tierras bajas tienden a la pérdida de ‹ese› y ‹de›. En la *Sierra del Perú*, según se me informa, se *tiende a hacer breves las vocales, como en la altiplanicie de México* (Henríquez 1921: 358; Kursivierung PdC).

Am Beispiel Mexikos wird hier der Unterschied zwischen *tierras bajas* und *tierras altas* auf einen Klimaunterschied (warm: *tierra caliente* = *tierras bajas* vs. kalt: *tierra fría* = *tierras altas*) zurückgeführt, der sich direkt auf die Artikulation auswirkt: In den *tierras altas* (repräsentiert durch Mexiko-Stadt) herrscht ein stabiler Konsonantismus vor. Selbst Konsonantencluster, die die Phonotaktik des Spanischen eigentlich nicht erlaubt, werden in Lehnwörtern aus dem Nahuatl artikuliert. Im Gegensatz dazu werden die Vokale in unbetonten Silben geschwächt. In den *tierras bajas* (repräsentiert durch Veracruz) hingegen ist der Vokalismus stabil: Die Vokale bekommen dort ihre ‹spanische Klangfülle zurück› («recobra [...] su plenitud española»; im Zitat). Diese Formulierung weist darauf hin, dass für Henríquez 1921 die Realisierung von Vollvokalen das Erwartbare im Spanischen ist. Die Vokalschwächung in den *tierras altas* muss folglich als das Unerwartete, Ungewöhnliche angesehen werden. Dem stabilen Vokalismus in den *tierras bajas* stehen Konsonantenschwächungen, insbesondere Schwächungen von silbenschließendem /s/, gegenüber. Die beschriebenen Aussprachemerkmale könnten sich möglicherweise, so wird angemerkt, in ganz Hispanoamerika in komplementärer Distribution in den *tierras bajas* (stabiler Vokalismus und Konsonantenschwächung) und *tierras altas* (Vokalschwächung und stabiler Konsonantismus) finden lassen. So weisen Berichte über Peru darauf hin, dass dort Vokalschwächungen in der Hochebene ebenfalls verbreitet sind. Aus heutiger, rhythmusphonologischer Perspektive kann man hier zusammenfassen, dass einer silbenzählenden Varietät in den *tierras bajas* eine akzentzählende Varietät in den *tierras altas* gegenübersteht (zum Unterschied zwischen silbenzählenden und akzent-/wortzählenden Sprachen cf. etwa Dufter 2003; Szczepaniak 2009):

silbenzählend	*tierras bajas*	akzentzählend	*tierras altas*
CV-Silben	entstehen durch Schwächung von silbenfinalem /s/ (z.B. *apunte(s)* [a.pun.te̲])	komplexe und variable Silben (zwischen _V und _VCCCCC)	entstehen durch Vokalschwächung (z.B. *apunt(e)s* [a.pu̲n̲t̲s̲] vs. [a.pun.tes]; im Zitat)
Befolgung der Sonoritätshierarchie	*apuntes* [a.pun.te̲s̲] / [a.pun.te̲]	Verletzung der Sonoritätshierarchie	z.B. *apunt(e)s* [a.pu̲n̲t̲s̲]
Vokaltilgung zur Auflösung von Hiaten	---	Vokaltilgung lässt komplexe Konsonantencluster entstehen	z.B. *apunt(e)s* [a.pu̲n̲t̲s̲]

Tab. 1: Eigenschaften der silbenzählenden *tierras bajas* und der akzentzählenden *tierras altas* (für die Theorie cf. Szczepaniak 2009; für die Beispiele cf. Henríquez 1921: 358)

Der Ansatz von Henríquez 1921 reiht sich in die Tradition von Klimatheorien seit der Antike ein. Diese dienten, im Rahmen eines Eurozentrismus, der Rechtfertigung eines politischen und/oder kulturellen Hegemonialanspruchs von Völkern, denen die besten Volkseigenschaften aufgrund optimaler Klimabedingungen zugeschrieben wurden (cf. Müller 2005: 31). Dabei wurden nicht tatsächliche klimatische Verhältnisse untersucht, sondern klimatische Unterschiede zwischen den betrachteten geographischen Regionen postuliert und die jeweilige Region mit dem aktuellen Hegemonialanspruch in die perfekte Klimazone eingeordnet: zunächst Griechenland (erstmals von Hippokrates von

Kos ca. 430 v. Chr.), dann Italien (von Poseidonios, wahrscheinlich vor 87 v. Chr.), dann Frankreich (von Montesquieu 1748) und schließlich Deutschland (von Kant, cf. hierfür Rink 1802 und Müller 2005).

In Klimatheorien französischer Ausrichtung erscheint zudem im Zuge des Aufstiegs Frankreichs zur neuen europäischen Vormacht in der zweiten Hälfte des 17. Jahrhunderts ein Diskurs um die Hegemonie des Französischen besonders im Vergleich zu den romanischen Schwestersprachen Italienisch und Spanisch. Der sprachliche Hegemoniediskurs ist im Zusammenhang der Ablösung des Lateinischen durch die romanischen Nationalsprachen zu sehen, wobei hier Sprache als spezifisch nationales Sozialverhalten aufgefasst wird (cf. Zollna 2013: 289-291). Es wird nicht nur mehr der Volkscharakter aus klimatischen Bedingungen abgeleitet, das Klima wirkt sich nun auch direkt auf die Aussprache aus. In Bouhours bekannten *Entretiens d'Artiste et d'Eugène* (1671), die in dieser klimatheoretischen Tradition stehen (cf. ibid.: 316-317), werden das Französische, dessen Hegemonie als Universalsprache begründet werden soll, und die «rauen, konsonantenreichen, barbarischen Sprachen der nordischen Völker» (Fink 1987: 159) gegenübergestellt:

> [...] le nostre est le langage des hommes raisonnables qui n'ont *rien de grossier, & de barbare*. [...] le François est infiniment éloigné de la *rudesse de toutes les langues du Nort*, dont la pluspart des mots écorchent le grozier de ceux qui parlent, & les oreilles de ceux qui écoutent. Ces *doubles ‹VV›*, ces *doubles ff*, ces *doubles ‹KK›*, qui regnent dans toutes ces langues-là; toutes ces *consonnes entassées les unes sur les autres*, font *horribles à prononcer*, & ont un son qui fait peur. Le *mélange des voyelles, & des consonnes dans le François* fait un effet tout contraire. Nous n'avons point d'aspiration forte, ny aucune de ces lettres que les doctes nomment ‹Guturales›. Il n'y a rien de plus *agreable à l'oreille que nostre ‹E› muet*, que toutes les autres langues n'ont point, & *qui finit la plus part de nos mots*. [...]. Il fait les rimes feminines, qui donnent une grace singuliere a nostre poësie. (Bouhours 1671: 73-74; Kursivierung PdC).

Auch hier kann man zusammenfassen, dass der Gegensatz Französisch vs. «Barbarensprachen» des Nordens dem Gegensatz silbenzählender vs. akzentzählender Sprachen entspricht:

silbenzählend	Französisch	akzentzählend	«Barbarensprachen»
CV-Silben	«mélange des voyelles, & des consonnes»,	komplexe und variable Silben	«consonnes entassées les unes sur les autres»

	«nostre ‹E› muet, […], qui finit la plus part de nos mots»	(zwischen _V und _VCCCCC)	
Befolgung der Sono- ritätshierarchie	«prononciation plus aisée & plus coulante»	Verletzung der Sono- ritätshierarchie	«consonnes […] hor- ribles à prononcer»
Vokaltilgung zur Auflösung von Hia- ten	---	Vokaltilgung lässt komplexe Konso- nantencluster entste- hen	hier wird das Resultat der Vokalschwä- chung, die komplexen Konsonantencluster, erwähnt (s.o.)

Tab. 2: Eigenschaften des silbenzählenden Französisch und der akzentzählenden «Barba-rensprachen» (für die Theorie cf. Szczepaniak 2009; für die Beispiele cf. Bouhours 1671: 73-74)

Henríquez Ureña greift also höchstwahrscheinlich nicht zufällig auf das Klima zur Erklärung von Ausspracheunterschieden in Vokalismus und Konsonantis-mus zurück, sondern schließt augenscheinlich an den Diskurs von Bouhours 1671 an: Wie schon bei Bouhours 1671 führen Klimaunterschiede zu unter-schiedlichen Rhythmustypen in Idiomen, die kontrastiert werden. Im sprachli-chen Hegemoniediskurs von Bouhours 1671 wird das Französische aufgrund seiner silbenzählenden Eigenschaften aufgewertet und die nordischen Spra-chen werden aufgrund ihrer akzentzählenden Eigenschaften als barbarisch ab-gewertet. Henríquez 1921 charakterisiert den stabilen Vokalismus in den *tierras bajas*, der charakteristisch für silbenzählende Idiome ist, als das Erwartbare im Spanischen. Demgegenüber steht die Vokalschwächung in den *tierras altas* als nicht erwartbare Abweichung. Darüber hinaus wird der Einfluss der indigenen Sprache Nahuatl auf das Spanische in den *tierras altas* beschrieben, der sich in Konsonantenclustern in Lehnwörtern zeigt. Dies lässt auf einen subtilen He-gemoniediskurs schließen, in dem das Spanische in den *tierras bajas* – mindes-tens aber der dort vorherrschende stabile Vokalismus –, aufgewertet und das Spanische in den *tierras altas*, mindestens aber die dort vorherrschende Vokal-schwächung, abgewertet wird. Der hier als erwartbar charakterisierte stabile Vokalismus passt wieder gut zum Mythos des Spanischen als Paradebeispiel einer silbenzählenden Sprache, den es in der Rhythmusforschung erworben hat (cf. Ramus/Nespor/Mehler 2000: 3; cf. auch Kap. 2.1). Erklärbar ist dieser Hegemoniediskurs im Rahmen der Unabhängigkeit der amerikanischen Kolonien vom spanischen Mutterland: Etwa ein Jahrhundert nach Beginn der Dekolonisierung[2] befinden sich die hispanoamerikanischen Länder in einer Phase der Identitätssuche (cf. auch Kap. 3.3), innerhalb der die Frage, welche Merkmale in den unabhängigen Kolonien etwa die Norm bilden sollen, erklärbar wäre. Wie in Kap. 3.3 und 3.4 zu sehen sein wird, ist dabei eine sprachliche Unabhängigkeit vom kastilischen Standard wichtig, die gut zu den hier favorisierten Konsonantenschwächungen in den *tierras bajas* passen.

3 *Tierras bajas* vs. *tierras altas* und *Andalucismo* vs. *Antiandalucismo*

3.1 Kontinuität und Diskontinuität von Aussprachemerkmalen in den *tierras bajas*

Berühmt geworden ist die Unterteilung in *tierras bajas* und *tierras altas* eigentlich aufgrund einer ideologischen Polemik: derjenigen um den andalusischen Charakter der Aussprachemerkmale in den *tierras bajas*. Damit einher ging die Frage, ob die Aussprachemerkmale als Kontinuität der Aussprachemerkmale in Andalusien zu verstehen seien (*Andalucismo*-These) oder als unabhängige Entwicklung auf beiden Seiten des Atlantiks (*Antiandalucismo*-These).

Die Erklärung von Aussprachemerkmalen Hispanoamerikas über eine Kontinuität mit Merkmalen, die auch im iberischen Spanisch zu finden sind, wurde über Max Leopold Wagner 1920 populär:[3]

---

[2] Lokale Unabhängigkeitsbewegungen gab es jedoch bereits früher, im späten 18. und im 19. Jahrhundert. Eine der bedeutendsten Unabhängigkeitsbewegungen war der im Vizekönigreich Peru organisierte Aufstand unter Túpac Amaru II (sog. *Gran rebelión* 1780-1783; cf. Oertzen/Goedeking [3]2004: 34)

[3] Die Beobachtung, dass das Spanische in Amerika Ähnlichkeiten mit dem andalusischen Spanisch aufweist, ist allerdings schon älter: Der Bischof Lucas Fernández de Piedrahita schrieb 1688 in seiner *Historia General de las conquistas del Nuevo Reino de Granada*, dass die Einwohner Cartagenas die «schlechten Aussprachegewohnheiten» der Küstenbewohner Andalusiens teilten. 1787 fielen Antonio de Alcedo (*Diccionario Geográfico-Histórico de las*

[...] die Kontinuität, die durch die drei Jahrhunderte des Coloniaje hindurch mit dem Mutterlande bestanden hat [...], [hat] die Entwicklung, die die spanische Aussprache im 16. und 17. Jahrhundert erlebt hat, in den wesentlichen Punkten auch nach Amerika getragen [...] (Wagner 1920: 290).

Auf die «andalusisch-extremeñische Gruppe» (ibid.: 292) führt er insbesondere Konsonantenschwächungen – Schwächung von silbenfinalem /s/, *yeísmo* und *seseo* – zurück, die «in Chile, Argentinien, auf den Antillen, an der atlantischen Küste von Venezuela, Kolumbien und Mexiko» (ibid.: 292) verbreitet seien. 1927 spricht Wagner dann auch explizit mit der Terminologie Henríquez Ureñas 1921 von einer Beeinflussung der *tierras bajas* durch andalusische Merkmale (cf. Wagner 1927: 23).

In der Kontinuitätshypothese spielt aber nicht nur die Kontinuität mit den sog. andalusischen Merkmalen eine Rolle. Wagner 1920 erwähnt auch insbesondere die Aufrechterhaltung der Opposition von /ʎ/ und /j/, deren Dephonologisierung zugunsten von /j/ (*yeísmo*) ja als andalusisches Merkmal eingeführt wurde:

Wenn also hier eine Beeinflussung durch eine Indianersprache wegfällt und wir auf vier zerstreuten Gebieten des Am.-Span. das palat. ‹l› antreffen [Südchile, Hochland Kolumbiens, Perus, Mexikos; PdC] so werden wir nicht anstehen [lies: keine Bedenken haben; PdC], zu behaupten, daß das palat. ‹l› nach Amerika gebracht wurde (Wagner 1920: 291; ähnlich auch Wagner 1927: 21).

Als Reaktion auf Wagners 1920 geäußerte Kontinuitätshypothese (Protagonist *Andalucismo*) entfacht nun eine von Henríquez Ureña (Protagonist *Antiandalucismo*) initiierte Polemik mit Wagner über den Ursprung der Merkmale in den *tierras bajas*. Diese äußert sich in der Publikation mehrerer Artikel (Wagner 1927; Henríquez 1930, 1931) neben den schon unabhängig voneinander erschienenen Artikeln, die Auslöser der Diskussion waren (Wagner 1920; Henríquez 1921). Die Debatte über den *Andalucismo* Amerikas entwickelt sich daraufhin in der Hispanistik zum dialektologischen Dauerthema. An ihr beteiligen sich unzählige Wissenschaftler, die nicht nur versuchen, demographische Fragen der

---

Indias Occidentales ó América) lexikalische Übereinstimmungen mit Andalusien und Hispanoamerika auf (cf. Guitarte 1959: 30-31).

Einwanderung zu beleuchten, sondern auch mit sprachwissenschaftlichen Fakten entweder die Position des *Andalucismo* oder des *Antiandalucismo* zu stärken.[4] Es wurde kritisiert, dass die in der noch jungen hispanoamerikanischen Sprachwissenschaft an Länge und Leidenschaft kaum übertroffene Diskussion v.a. ideologischen Hintergründen geschuldet sei (etwa Guitarte 1959: 76: «seudoproblema del andalucismo»), während im Vergleich dazu die Fortschritte bei der Erklärung der Aussprachemerkmale in Hispanoamerika eher gering geblieben sind (cf. hierzu insbesondere ibid.; Fernández-Sevilla 1987; Valle 1998).

3.2 *Andalucismo*-These

Die *Andalucismo*-These wird auf beiden Seiten des Atlantiks gepflegt. Ihr Hintergrund ist die Besorgnis um die Einheit (*unidad*) des Spanischen nach der Unabhängigkeit von Spanien, wie sie auch besonders von dem Kolumbianer Rufino José Cuervo 1901 geäußert wird. Diese Besorgnis impliziert die Prophezeiung der Spaltung des Spanischen in Anlehnung an die Ereignisse im Römischen Reich, die die Entstehung der romanischen Sprachen[5] begünstigt hatte (*diversificación*). Um diese Spaltung aufzuhalten, empfiehlt Cuervo 1901 eine Orientierung am kastilischen Standard, die auch schon Andrés Bello 1847 (*Gramática de la lengua castellana destinada al uso de los americanos*; cf. hierzu Oesterreicher 2002: 280-281) empfohlen hatte:

> Debilitada hoy en alto grado la influencia que ejercía la metrópoli para unificar la lengua en sus colonias, y divididos los dominios del castellano en tantas naciones que tienen gobierno propio, intereses peculiares y aun elementos de cultura diversos, no queda entre todos ellos otra fuente de unidad lingüística que el cultivo de una literatura común. El estudio perseverante y bien entendido de

---

[4] Zu demographischen Fragen s. neben der noch auf geringer empirischer Grundlage basierenden Studie von Henríquez 1931 insbesondere Boyd-Bowman 1964, 1968, 1973, 1985, dessen Untersuchungen u.U. ein Übergewicht andalusischer Einwanderer zur Anfangsphase der Kolonisierung zeigen. Ein guter Überblick über die Einwanderung in die Kolonien wird auch in Eiras Roel 1991 gegeben. Für den *Andalucismo* s. etwa Frago Gracia 1990 a, b, Lapesa 1956, 1957, 1964, 1992, für den *Antiandalucismo* s. Alonso 1953.

[5] Für eine teilweise ideologische Motivation der Romanistik als Fach im Rahmen einer nicht hinterfragten «affektiven Disposition zur Vergangenheit» der historisch-vergleichenden Sprachwissenschaft spricht sich Oesterreicher (2013: 314) aus.

unos mismos modelos, [...], vengan á formar el tipo de la lengua nacional y la norma á que poco á poco vaya acomodándose el habla familiar y corriente. ¿Bastarán estos medios artificiales, en caso de que lleguen á aplicarse, para conservar la unidad del castellano en América y conjurar los vaticinios funestos de los lingüistas, que dan por seguro sucederá con él lo que con el latín en el imperio Romano? (Cuervo 1901: 58)

Diese Bedenken führen ihrerseits wieder zu einer ebenfalls bekannten Polemik mit Juan Valera (Cuervo 1901, 1903, Valera 1900a, 1900b, 1902) um *unidad* und *diferenciación* des Spanischen in Amerika (cf. Guitarte 1995: 56).

Ein Protagonist der europäischen Ideologie des *Andalucismo* ist u.a. Ramón Menéndez Pidal, dessen Anliegen es ist, beständig die Gemeinsamkeiten Spaniens und Hispanoamerikas zu betonen, um das Konzept der geistigen Einheit zwischen Mutterland und unabhängig gewordenen Kolonien aufrecht zu erhalten (cf. Valle 1998: 137-140):

[...] siempre la onda vital de España y de Hispano-América vibrará con misteriosos unísonos, y responderá al común atavismo. Toda la civilización hispano-americana descansa principalmente en su base española [...] (Menéndez 1918: 9).

In diesem Sinne sieht Valle (1998: 140) im großen Erfolg der *Andalucismo*-These ihren großen Nutzen, die historische, kulturelle und sprachliche Einheit zwischen Spanien und Hispanoamerika zu betonen.

3.3 *Antiandalucismo*-These

Die *Antiandalucismo*-These entsteht hingegen auf amerikanischer Seite und erklärt sich aus dem intellektuellen Klima Lateinamerikas Anfang des 20. Jahrhunderts. Etwa ein Jahrhundert nach Beginn der Befreiung von Spanien befindet sich Hispanoamerika in einer Phase der Identitätssuche, in der die Forderung, Verteidigung und auch Verherrlichung der geistigen Unabhängigkeit und Eigenheit der hispanophonen amerikanischen Länder im Vordergrund steht. Insbesondere die Bewegung der mexikanischen *Generación del Centenario*, der der aus der Dominikanischen Republik stammende Henríquez Ureña angehört, hat es sich zum Ziel gesetzt, das Bild Hispanoamerikas als Reflex Spaniens abzulösen und die geistig-kulturelle Unabhängigkeit Hispanoamerikas zu ‹beweisen› (cf. Guitarte 1959: 54-76; ähnlich auch Guitarte 1965: 238-239):

> El siglo XIX fue testigo de la tremenda crisis del mundo hispánico, como consecuencia del choque entre los defensores de la vieja tradición hispana y los introductores del espíritu moderno. En Hispanoamérica la conquista de la independencia política había sido seguida de una triste historia: la anarquía y las guerras civiles arruinaron y fragmentaron a los nuevos países;
> [...]
> A partir de esa circunstancia surge y se desarrolla la obra de Henríquez Ureña, que se encuentra dominada, en consecuencia, por el esfuerzo de lograr la ‹originalidad› de la cultura hispanoamericana (Guitarte 1959: 55-56).

Eine Identifikationskrise zwischen spanischem Erbe einerseits und geistiger Unabhängigkeit andererseits, in der sich die kreolische Bevölkerung befindet, ist Thema vieler Werke Henríquez Ureñas, besonders auch der *Seis ensayos en busca de nuestra expresión* ([1928] 2006). Darin wird u.a. das sprachliche Identitätsdilemma der Kreolen, das sowohl aus einer Ablehnung des Kastilischen als auch der indigenen Sprachen besteht, thematisiert:

> [...] el *problema* es complejo, *es doble*: el poeta, el escritor (americano; PdC), se expresan en *idioma recibido de España*. Al hombre de Cataluña o de Galicia le basta escribir su lengua vernácula para realizar la ilusión de *sentirse distinto del castellano*. Para nosotros esta ilusión es fruto vedado o inaccesible. ¿Volver a las *lenguas indígenas*? [...] ¿*Crear idiomas propios, hijos y sucesores de castellano*? (Henríquez [1928] 2006: 8; Kursivierung PdC)

Eine logische Konsequenz dieses geistigen Hintergrunds beinhaltet die Ablehnung des *Andalucismo*, denn er bedeutet für Henríquez Ureña sowohl eine kulturelle Identität mit Spanien als auch eine Unterordnung im Sinne einer Verlängerung dialektaler Merkmale des iberischen Spanisch (cf. Valle 1998: 136).

3.4 Konsonantenschwächung in den *tierras bajas* als Aussprachenorm und Vokalschwächung in den *tierras altas* als vergessenes Kuriosum?

Interessanterweise kritisiert Henríquez Ureña 1930 ausschließlich die angenommene Kontinuität der Aussprachemerkmale in den *tierras bajas* mit dem andalusischen Spanisch, nicht aber etwa von Aussprachemerkmalen in den *tierras altas* mit dem Kastilischen[6]: Für eine Debatte über die Kontinuität oder Diskontinuität hispanoamerikanischer Aussprachemerkmale mit dem iberischen Spanisch hätten sich genauso gut andere Merkmale geeignet, wie z.B. die von Wagner (1920: 291) gleichzeitig ins Spiel gebrachte Aufrechterhaltung der Opposition /ʎ/ vs. /j/ in den *tierras altas* (cf. Kap. 1.3), die zu diesem Zeitpunkt noch ein Merkmal des kastilischen Standards war. In diesem Zusammenhang wundert sich auch Fernández-Sevilla (1987: 236) über die strikte Ablehnungshaltung speziell gegenüber einer Kontinuität mit andalusischen Merkmalen: «¿No será que a Henríquez Ureña le molestaba especialmente que se asociara a los americanos con los andaluces [...]?».

Es wäre zudem für Henríquez Ureña ein Leichtes gewesen, die Originalität des Spanischen in Amerika herauszustellen, indem er Merkmale betont hätte, die synchron im iberischen Spanisch Anfang des 20. Jahrhunderts nicht beschrieben waren. Zu diesem Zweck hätte sich die Vokalschwächung in den mexikanischen und peruanischen *tierras altas* hervorragend geeignet – er selbst stellt sie ja auch als erster der Konsonantenschwächung in den *tierras bajas* explizit gegenüber (cf. Henríquez 1921: 358; cf. Kap. 2.2). Trotzdem nimmt er den im Vergleich dazu extrem komplizierten Weg über die dem andalusischen Spanisch so ähnliche Konsonantenschwächung in den *tierras bajas*. Dies lässt den Schluss zu, dass die Aussprache in den *tierras bajas* für Henríquez Ureña eine übergeordnete Bedeutung hat: Er will wahrscheinlich deren Originalität und Unabhängigkeit herausstellen, weil dies eine Abgrenzung zum kastilischen Standard ermöglicht («sentirse distinto del castellano» im Zitat in Kap. 3.3), der als Repräsentant spanischer Herrschaft in den Kolonien fungierte und von den Verfechtern des *Andalucismo* als Norm in den unabhängigen Staaten Hispanoamerikas favorisiert wurde (cf. Kap. 3.2). Auch in den spanischen Kolonien war die Verbreitung des Kastilischen als Sprache des Imperiums anvisiert worden, wie es bereits in den *Leyes de Burgos* (1512) zum Ausdruck gekommen war (cf. Gugenberger 2002: 150). Die Opposition /ʎ/ vs. /j/, die Wagner 1920 eben-

---

6 Aus varietätenlinguistischer Perspektive sind andalusische Varietäten als sekundäre Dialekte des Kastilischen natürlich auch als *kastilisch* zu betrachten (cf. etwa Krefeld 2011: 138).

falls in seiner Kontinuitätshypothese insbesondere als Merkmal von Hochland-gebieten erwähnt, eignet sich also für Henríquez Ureñas Argumentation nicht, da sie (zu diesem Zeitpunkt noch) ein Merkmal des kastilischen Standards ist. Die Vokalschwächung in den mexikanischen *tierras altas* bleibt in diesem Gesamtbild wiederum als eine Art Kuriosum übrig: Sie ist zum einen eine Ab-weichung vom im Spanischen erwartbaren Fall der Realisierung eines Vollvo-kals (cf. Kap. 2.2). Zum anderen wird – im Gegensatz zur Konsonantenschwä-chung in andalusischen Varietäten des iberischen Spanisch – nicht auf entspre-chende Prozesse in Varietäten des iberischen Spanisch in Diachronie oder Syn-chronie hingewiesen. Die Vokalschwächung hat sogar nie einen ansatzweise vergleichbar kontroversen und langen – über Jahrzehnte andauernden – Dis-kurs wie um die Erklärung der Konsonantenschwächungen in den *tierras bajas* erfahren. Jedoch wird durch Henríquez 1921 der Einfluss der indigenen Spra-che Nahuatl auf die Phonotaktik der Konsonanten in Lehnwörtern erwähnt sowie das Hochland Perus als mögliche weitere vokalschwächende Region ein-geführt (cf. Kap. 2.2). Dieses dürfte hier zu einer Assoziation mit dem ehema-ligen Herrschaftszentrum der Inka geführt haben, das auf die indigene Sprach-familie Quechua verweist. Insgesamt entsteht also das Bild eines für das Spani-sche ungewöhnlichen Merkmals, das in Hochlandregionen der ehemaligen Vi-zekönigreiche Neuspanien und Peru aufzutreten scheint. In diesen – zumindest im Fall Mexikos wird dies explizit – ist der Einfluss von indigenen Sprachen wirksam.

4 Fazit

Der Artikel zeigt, dass durch die Klimathese von Henríquez 1921 zum einen die Vokalschwächung in den mexikanischen und peruanischen *tierras altas* als eine Abweichung vom erwartbaren Fall der Realisierung eines Vollvokals dar-gestellt wurde. Zum anderen wurde durch die daran anschließende Polemik um *Andalucismo* (cf. Wagner 1920, 1927) und *Antiandalucismo* (Henríquez 1921, 1930, 1931) ein übergroßer Fokus auf die Erklärung der Herkunft der Konso-nantenschwächung in den *tierras bajas* gelegt. Das Bild der Vokalschwächung als Kuriosum der *tierras altas* im Hintergrund der Polemik um die Erklärung der

Konsonantenschwächung in den *tierras bajas* mag die bis heute – exakt 100 Jahre nach Henríquez Ureñas *Observaciones* – geringe Anzahl von Studien und die einseitige Erforschung des Merkmals im Rahmen des Sprachkontakts erklären.

Die künftige Forschung sollte eine intensive Auseinandersetzung über die wissenschaftliche Plausibilität von Ansätzen zur Erklärung der Vokalschwächung in Hispanoamerika nachholen (Sprachkontakthypothese vs. Kontinuität eines altspanischen Aussprachemerkmals). Sie sollte sich insbesondere davon lösen, die Vokalschwächung nur in den *tierras altas* zu erwarten und zu erforschen. Gerade ein detailliertes Bild über die Verbreitung von Vokal- und Konsonantenschwächung in Hispanoamerika kann weiteren Aufschluss über die Herkunft dieses Merkmals geben. Darüber hinaus sollte das kategoriale Bild von der Verteilung der Aussprachemerkmale in Hispanoamerika (entweder liegt Konsonantenschwächung *oder* Vokalschwächung in Varietäten vor) stärker hinterfragt werden. Es gibt Hinweise dafür, dass die lautliche Situation in Hispanoamerika weitaus komplexer ist: Konsonanten- und Vokalschwächungen scheinen auch zusammen aufzutreten (so etwa in Lima, Peru; cf. Canfield 1960; Hundley 1983 und auch auf Cuba; cf. Pustka 2021: 227). In Zeiten von *big data* und moderner Aufnahme-, Speicherungs- und Analysetechnik im Rahmen der *Digital Humanities* gilt es, die mühsam zusammengetragenen Erkenntnisse und intuitiv formulierten Faustregeln aus den Anfängen der hispanoamerikanischen Linguistik in ihrer Zeit zu verstehen und sie durch eine zeitgemäße, breite empirische Basis zu erweitern und ergänzen.

Bibliographie

Alcedo, Antonio de. 1787. *Diccionario Geográfico-Histórico de las Indias Occidentales ó América.* Vol. 5, Madrid: González

Alonso, Amado. 1953. *Estudios lingüísticos: Temas hispanoamericanos.* Madrid: Gredos.

Bello, Andrés. 1847. *Gramática de la lengua castellana destinada al uso de los americanos.* Santiago de Chile: Imprenta del Progreso.

Bouhours, Dominique. 1671. *Les Entretiens d'Ariste et d'Eugene.* Amsterdam: Jaques le Jeune.

Boyd-Bowman, Peter. 1964. *Índice geobiográfico de 40.000 pobladores españoles de América en el siglo XVI. 1493-1519.* Vol. 1, Bogotá: Instituto Caro y Cuervo.

-----. 1968. *Índice geobiográfico de 40.000 pobladores españoles de América en el siglo XVI. 1520-1539.* Vol. 2, México: Editorial Jus.

-----. 1973. *Patterns of Spanish emigration to the New World (1493-1580).* Buffalo: Council on International Studies, State University of New York at Buffalo.

-----. 1985. *Índice geobiográfico de más de 56 mil pobladores de la América hispánica.* Vol. 1, México: Instituto de Investigaciones Históricas, UNAM: Fondo de Cultura Económica.

Canellada, Maria; Zamora Vicente, Alonso. 1960. «Vocales caducas en el español mexicano». In: *Nueva Revista de Folología Hispánica.* Vol. 14, 222-241.

Canfield, Delos L. 1960. «Lima Castilian: The Pronunciation of Spanish in the City of the Kings». In: *Romance Notes.* Vol. 2, 1-4.

-----. 1981. *Spanish Pronunciation in the Americas.* Chicago/London: The University of Chicago Press.

Crignis, Patricia de. 2018a. *Vokalschwächung im peruanischen Spanisch.* Dissertation: LMU München: Fakultät für Sprach-und Literaturwissenschaften. URN: urn:nbn:de:bvb:19-232446

-----. 2018b. «Centralization of unstressed vowels in Peruvian Spanish - a result of language contact?». In: Belz, Malte et al. (edd.): *P&P 13. Proceedings of the Conference on Phonetics & Phonology in German-speaking countries.* Berlin: HU, 33-36.

Cuervo, Rufino José. 1901. «El castellano en América». In: *Bulletin Hispanique.* Vol. 3, 35-62.

-----. 1903. «El castellano en América (fin de una polémica)». In: *Bulletin Hispanique.* Vol. 5, 58-77.

Delforge, Ann Marie. 2009. *The Rise and Fall of Unstressed Vowel Reduction in The Spanish of Cusco, Peru: A Sociophonetic Study.* Ann Arbor: ProQuest LLC.

Dufter, Andreas. 2003. *Typen sprachrhythmischer Konturbildung.* Tübingen: Niemeyer.

Eiras Roel, Antonio. 1991. (ed.). *La Emigración Española a Ultramar.* Madrid: Tabapress.

Fernández de Piedrahita, Lucas. 1688. *Historia general de las conquistas del Nuevo Reyno de Granada.* Antwerpen: Verdussen.

Fernández-Sevilla, Julio. 1987. «La polémica andalucista: estado de la cuestión». In: López Morales, Humberto (ed.): *Actas del I Congreso Internacional sobre el Español de América (San Juan, Puerto Rico, del 4 al 9 de octubre de 1982).* San Juan de Puerto Rico: Academia Puertorriqueña de la Lengua Española, 231-253.

Fink, Gonthier-Louis. 1987. «Von Winckelmann bis Herder. Die deutsche Klimatheorie in europäischer Perspektive». In: Sauder, Gerhard (ed.): *Johann Gottfried Herder 1744-1803.* Hamburg: Meiner, 156-176.

Frago Gracia, Juan Antonio. 1990a. «Nuevo planteamiento para la historia del occidentalismo léxico en el español de América». In: Torres Ramírez, Bibiano (ed.): *Actas de las VII jornadas de Andalucía y América*. Vol. 2, Sevilla: Junta de Andalucía, 150-167.

-----. 1990b. «El andaluz en la formación del español americano». In: Sancho Royo, Antonio (ed.): *I Simposio de Filología Iberoamericana (Sevilla 26 - 30 de marzo de 1990)*. Zaragoza: Libros Pórtico, 77-96.

Gugenberger, Eva. 2002. «Das Recht zu reden und die Pflicht zu schweigen. Manifestationen von Macht im Sprachgebrauch und in der Sprachenpolitik Lateinamerikas». In: *Neue Romania*. Vol. 25, N° 1, 139-163.

Guitarte, Guillermo L. 1959. «Cuervo, Henríquez Ureña y la polémica sobre el andalucismo de América». In: *Boletín del Instituto Caro y Cuervo*. Vol. 14, 20-81.

-----. 1965. «Bosquejo histórico de la Filología Hispanoamericana». In: Rivas Sacconi, José Manuel (ed.): *El Simposio de Cartagena (agosto de 1963)*. Bogotá: Instituto Caro y Cuervo, 230-244.

-----. 1995. «La unidad del idioma. Historia de un problema». In: Hernández Alonso, César (ed.): *La lengua española y su expansión en la época del tratado de Tordesillas. Actas de las jornadas celebradas en Soria (9-11 mayo de 1994)*. Valladolid: Sociedad V Centenario del Tratado de Tordesillas, 51-64.

Henríquez Ureña, Pedro. 1921. «Observaciones sobre el español en América». In: *Revista de Filología Española*. Vol. 8, 357-390.

-----. 1930. «Observaciones sobre el español en América II». In: *Revista de Filología Española*. Vol. 17, 277-284.

-----. 1931. «Observaciones sobre el español en América III». In: *Revista de Filología Española*. Vol. 18, 120-148.

-----. [1928] 2006. *Seis ensayos en busca de nuestra expresión*. Santo Domingo: Cielonaranja.

Hundley, James E. 1983. *Linguistic Variation in Peruvian Spanish: Unstressed Vowel and /s/*. Ann Arbor: University Microfilms International.

-----. 1986. «The Effect of Two Phonological Processes on Syllable Structure in Peruvian Spanish». In: *Hispania*. Vol. 69, 665-668.

Krefeld, Thomas. 2011. «‹Primäre›, ‹sekundäre› und ‹tertiäre› Dialekte - und die Geschichte des italienischen Sprachraums». In: Overbeck, Anja; Schweickard, Wolfgang; Völker, Harald (edd.): *Lexikon, Varietät, Philologie: Romanistische Studien; Günter Holtus zum 65. Geburtstag*. Berlin/Boston: de Gruyter. S. 137-147

Lapesa, Rafael. 1956. «Sobre el ceceo y seseo en Hispanoamérica». In: *Revista Iberoamericana*. Vol. 21, 409-416.

-----. 1957. «Sobre el ceceo y seseo andaluces». In: Catalán, Diego (ed.): *Miscelánea Homenaje a André Martinet. Estructuralismo e Historia*. Vol. 1, La Laguna: Universidad de La Laguna, 67-94.

-----. 1964. «El andaluz y el español de América». In: Catalán, Diego (ed.): *Presente y futuro de la Lengua Española*. Vol. 2, Madrid: Ediciones Cultura Hispánica, 173-182.

-----. 1992. «El español llevado a América». In: Hernández Alonso, César (ed.): *Historia y presente del español de América*. Valladolid: Junta de Castilla y León, 11-24.

Lipski, John M. ⁶2009. *El español de América*. Madrid: Cátedra.

Menéndez Pidal, Ramón. 1918. «La lengua española». In: *Hispania*. Vol. 1, 1-14.

Montesquieu, Charles Louis de Secondat de. 1748. *De l'esprit des lois*. Vol. 2, Genf: Barillot & Fils.

Moreno de Alba, José G. 1994. *La pronunciación del español en México.* México: El Colegio de México.

Müller, Reimar. 2005. «Montesquieu über Umwelt und Gesellschaft – die Klimatheorie und ihre Folgen». In: *Sitzungsberichte der Leibniz-Sozietät.* Vol. 80, 19-32.

Oertzen, Eleonore von; Goedeking, Ulrich. ³2004. *Peru.* München: Beck.

Oesterreicher, Wulf. 2002. «El español, lengua pluricéntrica – perspectivas y límites de una autoafirmación lingüística nacional en Hispanoamérica. El caso mexicano». In: *Lexis.* Vol. 51, N° 2, 275-304.

-----. 2013. «Negerhandel, schnöde Gewinnsucht und lächerlicher Farbenstolz – Nationalismus, Ethnozentrismus und Rassismus in der Sprachforschung des 19. Jahrhunderts? Betrachtungen zur historisch-vergleichenden Grammatik bei Franz Bopp und Friedrich Diez». In: Messling, Markus; Ette, Ottmar (edd.): *Wort Macht Stamm. Rassismus und Determinismus in der Philologie des 19. Jahrhunderts.* München: Fink, 301-328.

Pustka, Elissa. 2021. *Phonetik und Phonologie des Spanischen. Eine korpuslinguistische Einführung.* Berlin: Schmidt.

Ramus, Franck; Nespor, Marina; Mehler, Jacques. 2000. «Correlates of linguistic rhythm in the speech signal». In: *Cognition.* Vol. 73, 265-292.

Rink, Friedrich Theodor (ed.). 1802. *Immanuel Kant's Physische Geographie. Auf Verlangen des Verfassers, aus seiner Handschrift herausgegeben.* Königsberg: Göbbels und Unzer.

Saralegui, Carmen. 2010. «Aragonesisch/Navarresisch: Externe und interne Sprachge-schichte». In: Holtus, Günter; Metzeltin, Michael; Schmitt, Christian (edd.): *Lexikon der Romanistischen Linguistik.* Vol. 6, N° 1, Tübingen: Niemeyer, 37-54.

Szczepaniak, Renata. 2009. «Wortsprachliches Deutsch und silbensprachliches Spanisch. Ein phonologisch-typologischer Vergleich». In: *Estudios filológicos alemanes.* Vol. 17, 251-267.

Torreblanca, Máximo. 1980. «La sílaba española y su evolución fonética». In: *Thesaurus.* Vol. 35, 506-515.

Valera, Juan. 1900a. «Sobre la duración del habla castellana. Con motivo de algunas frases del señor Cuervo». In: *El Imparcial vom 24. September 1900.*

-----. 1900b. «Carta a La Nación (Buenos Aires)». In: *La Nación vom 2. Dezember 1900.*

-----. 1902. «Carta a La Tribuna (México)». In: *La Tribuna vom 31. August und 32. September 1902.*

Valle, José del. 1998. «Andalucismo, poligénesis y koineización: dialectología e ideología». In: *Hispanic Review.* Vol. 66, N° 1, 131-149.

Vázquez, Jesús. 2010. «Testimonios de la apócope de -e y -o del singular, al formar el plural, en documentos notariales altoaragoneses de los siglos XIII y XIV». In: *Zeitschrift für Romanische Philologie.* Vol. 126, 350-357.

Wagner, Max Leopold. 1920. «Amerikanisch-Spanisch und Vulgärlatein». In: *Zeitschrift für Romanische Philologie.* Vol. 40, 286-312.

-----. 1927. «El supuesto andalucismo de América y la teoría climatológica». In: *Revista de Filología Española.* Vol. 14, 20-32.

Zollna, Isabella. 2013. «Vom Sprachstil zum Nationalcharakter: Dominique Bouhours (1671) im Vergleich zu Henri Estienne (1579) und Antoine Rivarol (1784)». In: *Zeitschrift für romanische Philologie.* Vol. 129, 289-323.

Lara A. Dittmann (Osnabrück)

Sprach- und Kommunikationsnuancen in literarischen Interspezies-begegnungen – Juan Ramón Jiménez' *Platero y yo* (1914/1917) und Thomas Manns *Herr und Hund* (1919)

The encounter with non-human animals has always been a major preoccupation in the (philosophical) quest of understanding the human (condition). Of course, they are not only present in literary texts, but also in other media such as music and art. We consider ourselves aware of their selves, natures and skills as well as their sensory perceptions. Indeed, the ways we interact with non-human animals in everyday life and in the fictional world, how we perceive, think and talk about them as well as how we communicate with them are often related to our own self-perceptions in the social collective and in social-historical discourse. If we take a closer look at literary interspecies relations, we can detect clear shades in language and communication. Based on the approaches of Human-Animal Studies, this article deals with those nuances regarding animal-human encounters in Juan Ramón Jiménez' *Platero y yo* (1914/1917) and Thomas Mann's *Herr und Hund* (1919) in a comparative perspective. In addition to this, a special focus is placed on the effect these elements can have on (inter)acting literary subjects as well as on extra-textual recipients.

Keywords: *Human-Animal Studies; Interspecies encounters; Platero y yo; Herr und Hund; Animal-human relations;*

1   Einleitung

Dass sich Menschen nicht nur in menschlicher, sondern auch in tierischer Gesellschaft bewegen, ist eine Selbstverständlichkeit [...]. [Nichtmenschliche[1]] Tiere bevölkern und durchstreifen öffentliche Bereiche ebenso zahlreich wie private [...]. [...] [Einige] dienen der Unterhaltung oder Aufklärung von Menschen, andere zu deren Ernährung oder Bekleidung. Manchen [...] werden bestimmte Rechte in ihrem Verhältnis zum Menschen zugesprochen, anderen werden dieselben Rechte ausdrücklich abgesprochen (Eitler 2009: 207).

---

[1] Hier und im Folgenden wird der Begriff des nichtmenschlichen Tieres im Sinne der *Human-Animal Studies* verwendet, um Kategorisierungen, Objektivierungen und damit verbundene Degradierungen zu vermeiden. Vor diesem Hintergrund ist auch der Mensch ein Tier; und zwar ein *menschliches Tier*.

In diesem Zitat ist zu erkennen, dass in all jenen Komplexen, in denen nichtmenschliche auf menschliche Subjekte treffen, das Instrument der Sprache einen gewichtigen Part in der Tier-Mensch-Relation und -Interaktion einnimmt. Der Mensch ist es, der die tierlichen Grenzen in den Interspeziesbegegnungen steckt und durch bzw. mithilfe seiner Sprachfähigkeit Demarkationslinien im sozial-kulturellen Diskurs inszeniert und sichtbar macht. Auch er ist es, der über die Art und Intensität der Interspezieskommunikation entscheidet. In diesem Sinne können wir manifestieren: « [...] animals are always already language [...] » (Piskorski 2015: 251) – sowohl in der realen als auch fiktiven Welt.

Wie wir in den Kapiteln dieses Aufsatzes eruieren werden, taucht das nichtmenschliche Tier sprachlich moduliert allgegenwärtig auf und scheint darüber hinaus für uns Menschen zuweilen orientierungsgebend zu sein: Nicht nur in der Interspeziesbegegnung selbst, sondern auch bei sprachlichen Speziesabgrenzungen, Beschreibungen menschlichen (Fehl-)Verhaltens oder der Selbstwahrnehmung. So kann es in menschlichen Sphären als situativer Impulsgeber zur Verortung des eigenen Selbst fungieren. Bereits jetzt zeigt sich, dass der Facettenreichtum des nichtmenschlichen Tieres im menschlichen Kosmos stark mit sprachlichen Variationsmöglichkeiten und Abstrahierungen korreliert. So sei festzuhalten, dass «[...] the animal [...] the shape of existence beyond a linguistically saturated world» (ibid.: 252-253) sei.

Vor dem Hintergrund der sprachlichen Vielfalt und Alternationen in Tier-Mensch-Komplexen soll dieser Artikel insbesondere auf die Herausstellung von Sprach- und Kommunikationsnuancen in den Interspeziesbegegnungen bei Jiménez' *Platero y yo* und Manns *Herr und Hund* abzielen und hierbei versuchen, skizzenhaft zu konturieren, wie Sprache und Kommunikation in Tier-Mensch-Relationen und -Interaktionen gestaltet sind. Was entlarven die in den Werken vorfindlichen sprachlichen und kommunikativen Muster bzw. Schemata über das Verhältnis von Menschen zu nichtmenschlichen Tieren? Und inwieweit können Sprache und Kommunikation in den Interspecieszusammentreffen sowohl die Selbsterfahrungen und -wahrnehmung der dort (inter)-agierenden Subjekte als auch der außenstehenden Rezipienten beeinflussen? Diese Fragen sollen nach einem skizzenhaften Abriss der Werke, der anschließenden Berücksichtigung der theoretischen Klassifikation und der

Darstellung des Wirkungsfeldes der *Human-Animal Studies*[2] in den nachfolgenden Kapiteln auf Basis einer komparatistischen Analyse zu den interagierenden Protagonisten beantwortet werden.

2 *Platero y yo* (1914/1917) und *Herr und Hund* (1919) – Ein kurzer Überblick der Werke unter Einbezug des theoretischen Zuganges

Das Prosagedicht *Platero y yo* von Juan Ramón Jiménez ist fast weltweit bekannt und wurde in mehrere Sprachen übersetzt. So gibt es «[…] más de setenta ediciones entre España e Hispanoamérica, y un gran número de traducciones, en ochenta ediciones diferentes […], desde el afrikáans hasta el euskera y el quechua» (Bolte 2017: 63). Beleuchten wir das Werk näher, so können wir es als ein ‹work in progress› titulieren, da es durch die zahlreichen Überarbeitungen sowie Modifikationen einen ganz besonderen Charakter innehat und ein kontrastreiches Tableau an Sinneseindrücken bzw. -empfindungen bietet, die sich in den hundertachtunddreißig *estampas*[3] wiederkehrend abzeichnen. Autobiographisch angelegt, skizziert es in melancholischer Harmonie den Gang des Lebens, die Höhen und Tiefen der Gesundheit sowie kontrastive Gefühlswelten, stille Sorgen und psychische Unbeweglichkeiten im Kontext des sozialen Diskurses. Es ist gleichsam der Versuch eines Prozesses der Transformation sowie der (Re-)Konstruktion des Selbst, ja, des Geistes und der idyllischen Vergangenheit. Grundsätzlich lässt sich eruieren, dass im Vergleich zu früheren Werken Jiménez' gerade dieses in seiner *expresión* zu divergieren scheint: Die Sprachmodulationen mit all ihren rhetorischen Mitteln, die bei uns diverse Imaginationen auf unterschiedlichen Metaebenen hervorrufen oder auch künstlerisch-literarische Antagonismen greifbar werden lassen und somit partiell den roten Faden des Werkes bilden, betreffen sowohl den inhaltlichen Rhythmus der einzelnen *estampas*, die (inter-)agierenden Figuren, das lyrisch-

---

[2] Hier und im Folgenden mit *HAS* abgekürzt.
[3] Im Prosagedicht von Juan Ramón Jiménez handelt es sich nicht um *capítulos* im Sinne von Kapiteln einer Erzählung oder dergleichen, sondern um einzelne *estampas*, die in diesem Kontext als ‹lyrisch-prosaisches Bild› verstanden werden können.

prosaische Gesamtmetrum als auch den Schauplatz; den Ort Moguer, durch den das lyrische Ich mit seinem silbernen Esel Platero streift.

Die literarische Forschung zu *Platero y yo* konfrontiert oftmals mit Analysen, die das Prosagedicht vor dem Hintergrund der dort artikulierten Jahreszeiten betrachten oder die bildsprachlichen und fabelhaften Elemente, Symbole sowie Farben als christliche Allegorien ausgelegen (cf. Criado Costa 1993: 23-24; Predmore 1970: 57-59; Ullman 1987: 2-3). Nicht minder unilateral, aber vergleichsweise überschaubar gestalten sich die Rezeptionen zum Mann'schen *Herr und Hund. Ein Idyll.* Als eine der Erzählungen Manns, die recht wenig Beachtung in der Thomas-Mann-Forschung gefunden hat, steht sie nahezu «[...] erratisch [...]» (Gerigk 1996: 136) neben anderen bekannte(re)n Erzählungen des bedeutenden Schriftstellers. Obwohl sie in autobiographischer Manier den Leser mit profanen Szenarien des Interspezieszusammenlebens, mit nichtmenschlichen als auch menschlichen (Gesundheits- und Lebens-) Krisen sowie darüber hinaus mit den der Zeit geschuldeten Veränderungen in der Außen- und Innenwelt der Protagonisten konfrontiert, werden in den wissenschaftlichen Analysen oftmals andere Aspekte evident. Diese betreffen überwiegend die Schaffungsphase des Werkes, rekurrieren unter Berücksichtigung des Plots auf den sozial-kulturgeschichtlichen Kontext und/oder beziehen auszugsweise philosophische Ansätze mit ein (cf. ibid.: 155-157; Honold 2012: 43-44). Auf der anderen Seite wiederum finden wir – auch wenn nur bedingt – wenige Rezeptionen, die sich mit dem nichtmenschlichen Tier auseinandersetzen und hier vor allem das Anthropomorphe in der Tierdarstellung beleuchten (cf. Stutz 1970: 228-232). Insgesamt können wir jedoch konstatieren, dass weder zu Jiménez' noch zum Mann'schen Werk in der Rezeption neuere, unkonventionellere Analyseperspektiven eröffnet werden, die unter Einbezug der *HAS* ein besonderes Augenmerk auf die Sprach- und Kommunikationsnuancen in den jeweiligen Tier-Mensch-Begegnungen legen. Ergänzend zu den bereits vorliegenden wissenschaftlichen Untersuchungen ist es durchaus möglich, diese in komparatistischer Art und Weise aus der Perspektive der *HAS* zu beleuchten. Hierbei soll der Fokus nicht nur auf dem sakralen Gehalt und den religiösen Amalgamierungen der Elemente in Jiménez' Elegie oder einzig und allein auf der reinen anthropomorphen Tierdarstellung im Mann'schen Werk liegen, sondern a limine auf den literarisch konzipierten Tier-Mensch-Gefügen und der darin stattfindenden Kommunikation unter Berücksichtigung des noch jungen Forschungsfeldes der *HAS*.

2.1 Wirkungsbereiche der *HAS* als theoretische Grundlage für die literarische Analyse

Widmen wir uns an dieser Stelle näher dem Aufgabenbereich der in den 1980er Jahren im angloamerikanischen Raum entstandenen *HAS*, wird für uns manifest, dass diese im Wesentlichen die Koexistenz von nichtmenschlichen und menschlichen Subjekten auf verschiedensten Ebenen und in diversen interdisziplinären Zusammenhängen kritisch in den Blick nehmen. Als übergeordneten Forschungsinhalt der *HAS* können wir die durch wissenschaftliche Exempel fundierte Auflösung der bestehenden Dichotomie zwischen nichtmenschlichem Tier und Mensch ausmachen. So ist in den unterschiedlichen Disziplinen der *HAS* eine substanzielle Ausrichtung erkennbar, die in gewisser Weise von uns – als Menschen – eine neue, im sozialen Diskurs unkonventionelle Perspektive auf die Tier-Mensch-Beziehung einfordert: Das Tier-Mensch-Gefüge soll, «[...] weder auf biologische noch auf soziale Faktoren beschränkt, sondern nur im wechselseitig gespannten Miteinander angemessen [...]» (Krebber/Roscher 2016: 12) ausgelotet werden. Hier lässt sich erkennen, dass eine rein naturwissenschaftliche Begründung für die Verortung des nichtmenschlichen Tieres innerhalb der menschlichen Sphäre und die damit einhergehende Grenzziehung zwischen beiden Subjekten als überholt angesehen werden. Vielmehr scheint es unumgänglich, bei der «[...] integrative[n] Betrachtung von [nichtmenschlichen] Tieren und menschlichen Gesellschaften [...]» (id.) den Blick für unterschiedliche Zugriffe und methodische Überlegungen zu schärfen und dabei eine elementare Trennung von verschiedenartigen wissenschaftlichen Ansätzen zu vermeiden; denn wir müssen uns darüber bewusst sein, dass wir nichtmenschlichen Tieren überall begegnen:

> Sei es im direkten Zusammenleben mit Haus- beziehungsweise Begleittieren, beim Konsum tierischer Produkte [...] oder wenn uns [nichtmenschliche] Tiere

als Figuren in der Literatur oder als Darsteller im Film entgegentreten: [Nichtmenschliche] Tiere sind in menschlichen Gesellschaften allgegenwärtig (Kompatscher 2017: 17).

Unter Berücksichtigung dieses Spektrums der Interspeziesbegegnungen scheint es nur nahezu konsequent, die sozial verankerten und kulturübergreifenden *Interspezies-Gaps* kritisch zu hinterfragen. Warum neigen wir also trotz der Omnipräsenz des nichtmenschlichen Tieres dazu, uns von diesem abzuheben, indem wir uns das menschliche Prestige auf sprachlicher Ebene durch performative Akte immer wieder zu vergegenwärtigen versuchen? Auch wenn es uns vielleicht nicht direkt bewusst ist, sprechen wir in Mensch-Mensch-Komplexen hier und da vom schlauen Fuchs, vom stolzen Schwan oder an anderer Stelle von der dummen Gans, blöden Kuh und der/dem (alten) Sau/ Schwein (cf. Mussner 2015: 157-162). Durch die attributive und metaphorische Verwendung dieser sprachlichen Zusammensetzungen rekurrieren wir sowohl positiv als auch negativ auf das nichtmenschliche Tier in doch eigentlich semantischen sowie emotional aufgeladenen menschlichen Kontexten und entlarven dadurch unsere Vorstellungen vom Naturell des nichtmenschlichen Subjekts sowie unsere Haltung ihm gegenüber. Wie wir eruieren können, sind es kleine bedeutungstragende Einheiten, ja Wörter, aber auch ganze Sätze: Es ist (reziproke) Kommunikation, es ist unsere Sprache, die die Interspezies-begegnungen gestaltet und die oktroyierten *Tierkleider* bestimmt sowie entwirft – So müssen wir akkommodieren: Nicht nur *Kleider machen Leute*[4] (oder nichtmenschliche Tiere), sondern auch Leute machen (sprachliche) Kleider, in die sie zu gegebener Zeit die ihnen umgebenden Subjekte durch sprachliche Nuancierungen hineinzwingen.

3 Sprachnuancen und menschliche Wahrnehmung in Interspezies-begegnungen

Die Spezies Mensch reflektiert und spricht über die Beschaffenheit der Welt, besonders der näheren Umwelt, und über sich selbst. Sie versucht, sich die

---

[4] So, wie Gottfried Keller seine in der Anthologie *Die Leute von Seldwyla* im Jahr 1873 publizierte deutsche Novelle nannte.

Phänomene des Lebens zu erklären und sie zu bewerten, um so zu Sicherheit und Orientierung zu gelangen und eine Grundlage für das eigene Handeln zu finden (Mussner 2015: 157).

Dass Sprache also einen gewichtigen Part in unserem alltäglichen Leben einnimmt, ist nicht von der Hand zu weisen. Wir benennen und konstruieren unsere (Mit)Welt, glauben hierdurch Erkenntnisse über Objekte und Subjekte gewinnen und diese innerhalb unserer Sphäre sowohl eindeutig verstehen als auch sanktionieren zu können. Was jedoch verborgen bleibt, ist, dass wir nur aus unserer menschlichen Perspektive die (Mit)Welt auslegen können und wir für uns, als Menschen, somit eine Art *Schwebezustand* annehmen müssen, in welchem wir zwischen einem für wahr geglaubten und einem wahrhaftigen *Ist-Zustand* fortwährend oszillieren. So können wir immer nur von einer sozial-kulturell konstruierten (Mit)Welt ausgehen, die wir vor dem Hintergrund unserer Sprache und aus unserer Perspektive erfahren.

Die Fähig- und Fertigkeit, sprachliche Äußerungen zu vollziehen, obliegt einzig und allein dem Menschen, sodass er hierdurch oftmals dazu neigt, sich dieses Alleinstellungsmerkmal als Privileg für die eigene Verortung sowie die Hierarchisierung aller Lebewesen innerhalb der Welt zunutze zu machen: Das Resultat dieses repetitiven und performativen Prozederes ist die Entstehung und sozial-kulturelle Implementierung einer für wahr geglaubten Tier-Mensch-Dichotomie, die «[...] abseits der Menschensprache [jegliche] tierliche Kommunikations- und Organisationsformen im Keim ersticken lässt» (Kurth et al. 2016: 15). Es scheint im sozialen Diskurs häufig so, als «[...] fehl[e] [...] der theoretische wie gesellschaftliche Wille, andere Formen der Kommunikation [...] einzubeziehen» (id.) und anzuerkennen. Wie wir feststellen können, werden im menschlichen Kosmos «[nichtmenschliche] Tiere [...] [imaginär] herangezogen, um eine Vielzahl an Merkmalen zu bezeichnen, die wir in uns finden oder auf andere projizieren wollen, vor allem, wenn die Eigenschaften gefährlich oder fremd erscheinen» (Spannring et al. 2015: 13). Diese Vorgehensweise der Verwendung von «[...] Tierbezeichnungen [...] [für die] metaphorische[ ] Übertragung auf Menschen [...]» (Mussner 2015: 158) trägt wiederum oftmals im Wesentlichen dazu bei, wie wir das nichtmenschliche Tier wahrnehmen, welches Naturell oder welche Fertig- und Fähigkeiten wir ihm attestieren und welche Position wir ihm im Kollektiv zusprechen. Evident wird, dass es nicht nur entscheidend ist, andere Kommunikationsformen anzuerkennen und den nichtmenschlichen Tieren in Tier-Mensch-Beziehungsgefügen eine gewisse Art von reziproker Kommunikation zuzusprechen, sondern eben auch zu rekapitulieren, welche Sprache wir verwenden, wenn wir mit und über sie sprechen (cf. Spannring et al. 2015: 16).

Betrachten wir im diskurskonstituierenden und zeitgeschichtlichen Zusammenhang der beiden Werke die Tier-Mensch-Situation im auslaufenden 19. und beginnenden 20. Jahrhundert, werden wir mit einer Reihe von verschiedenen, teils (natur)wissenschaftlich, teils psychologisch-philosophisch motivierten Ansätzen konfrontiert, die Nuancierungen in der *Tierwahrnehmung* postulieren. Während Geist, phänomenales Bewusstsein und Gedankenprozesse auf der einen Seite nichtmenschlichen Tieren in einfacher Form attestiert werden, sind diese Zugänge beispielsweise in der Psychologie «[...] als >Anthropomorphismus< verschrien [...]» (Glock 2016: 62). Nichtsdestotrotz folgen in diesen Jahren «[...] neue Einsichten in die erstaunlichen mentalen Fähigkeiten bei [nichtmenschlichen] Tieren [...]» (id.) und wir können konstatieren, dass das nichtmenschliche Tier in einigen Fällen eine andere Sichtbarkeit im vom Menschen dominierten Kosmos durch die Emotionalisierung des Interspeziesverhältnisses erfährt. Bestimmte nichtmenschliche Subjekte kehren in die eigenen vier Wände des Bürgertums ein und vor allem «[...] Hunde sowie Katzen [zählen] zu *den* städtischen [nichtmenschlichen] Tieren des 19. und 20. Jahrhunderts» (Steinbrecher 2016: 7). Anders wiederum verhält es sich beispielsweise mit Pferden oder anderen Nutztieren, die zuvor als Fortbewegungsmittel o.ä. fungierten (cf. Hiergeist 2019: 10-11) und nun durch die einsetzende Mobilität nicht mehr gebraucht werden. So wird bereits hier manifest, dass die gesellschaftlich-kulturelle Position des nichtmenschlichen Tieres stark von menschlichen Wahrnehmungen, Bedürfnissen sowie wirtschaftlichen Prozessen und Erfolgen abhängt.

Schauen wir an dieser Stelle auf die Werke *Platero y yo* und *Herr und Hund*, lässt sich bereits im Titel die Wahrnehmung im Sinne der menschlichen Haltung gegenüber dem nichtmenschlichen Tier erkennen. Während im spanischen Werk das nichtmenschliche Subjekt zuerst und namentlich genannt wird, verhält es sich im Werktitel der deutschen Erzählung anders: Der Hund erscheint zuletzt, nur auf seine reine Spezies reduziert und steht hierdurch namenlos, ja fast objekthaft neben seinem Herrn. Konträr hierzu scheint das menschliche Privileg im Titel *Platero y yo* für den Moment aufgelöst: Verhältnismäßig formal, wenn nicht sogar asketisch, wirkt das lyrische Ich hier neben Platero. Im Vergleich zum Mann'schen Titel – in der zwar eine gewisse Annäherung durch die Alliteration auf ‹H› gegeben ist, jedoch die Abstufung von menschlichem zu tierlichem Subjekt unverkennbar bleibt – genießt das nichtmenschliche Tier in dieser Interspeziesrelation durch seine namentliche Nennung also einen anderen Stellenwert mit besonderer Wertschätzung. So sei zu konstatieren, dass sich eine Diskrepanz hinsichtlich der menschlichen Wahrnehmung auf den nichtmenschlichen Begleiter bereits in den Werktiteln sprachlich niederschlägt. Kurz theoretisiert können wir festhalten, dass Sprache – und allein schon die Priorisierung der Wörter im semantischen Kontext – einerseits eine «[...] wall between humans and [non-human] animals [...]» (Fill 2015: 190) schaffen kann und andererseits sie zugleich «[...] capable of putting [non-human] animals on the same [or a higher] level as humans» (id.) ist. So lässt sich erahnen, dass «[...] language [...] ha[s] an impact on action, particularly on the way humans treat [non-human] animals» (id.).

Betrachten wir die beiden Werke, sei im Allgemeinen zu erwähnen, dass sie von einer sehr bildhaften Sprache leben, die sowohl die Tier-Mensch-Gefüge als auch die damit einhergehenden Selbsterfahrungen der einzelnen literarischen Subjekte und des außertextuellen Rezipienten *en détail* greifbar werden lassen. Fokussieren wir jedoch ausgewählte Abschnitte genauer, können wir anhand der verwendeten Sprache im jeweiligen Werk deutliche Unterschiede in den Tier-Mensch-Komplexen ausmachen. Während der Blick auf den Hühnerhundmischling Bauschan im Mann'schen Werk sprachlich grundlegend dadurch gekennzeichnet ist, dass er von seinem Herrn als entschieden andersartiges Lebewesen mit spezieskonformen Fertig- und Fähigkeiten wahrgenommen wird, werden wir in der andalusischen Elegie mit einem menschlichen Blick konfrontiert, der von einer gewissen Sinnlichkeit, ja, von einer nahezu altruistischen Attitüde gegenüber dem Esel Platero geprägt ist. Konkretisieren wir nun diese sich in den Werken herauskristallisierenden Tendenzen, fällt auf, dass Bauschan seitens des menschlichen Subjekts eine andere sozial-kulturelle Positionierung als Platero erfährt: Als geistig gesundes Familienmitglied beschrieben und akzeptiert, begleitet der «[...] vitale[ ] Jägerbursch

[...]» (Mann 2017: 31) seinen ihm hierarchisch höher gestellten Herrn bei Spaziergängen durch die Isarauen oder trägt im familiären Kontext durch seine «[...] zähe Treue [...]» (ibid.: 20), seine «[...] Luftküsse[ ] [...]» (ibid.: 21) und sein instinkthaft-einfaches und ehrlich-verspieltes Naturell zur kollektiven Erheiterung bei. Kurzum fungiert er als temporäres Amüsement, denn normalerweise ist «[s]ein Leben [...] Warten – auf den nächsten Spaziergang ins Freie, und dieses Warten beginnt, wenn er ausgeruht ist von dem letzten Mal» (ibid.: 24); und das tut er – exkludiert vom menschlichen Kollektiv – im hauseigenen Garten, wenn er nicht gerade aufgrund unausgeführter Sprünge und Kunststücke «[...] um Vergebung, um Nachsicht, um Schonung [...]» (ibid.: 32) bei seinem Herrn bitten muss. Als ambivalent können wir diese Interspeziesrelation einstufen, wenn wir bedenken, dass Bauschan von seinem Herrn auf der anderen Seite im übertragenen Sinne unbewusst als eine Art situativer, stiller Retter vor den in dieser Zeit sowohl ökonomisch als auch sozial sichtbar werdenden Umbrüchen wahrgenommen wird, die auch der autobiographische Erzähler mit einer nicht unwesentlichen Skepsis zu beäugen scheint (cf. ibid.: 44-49). Nicht grundlos und isoliert steht der Untertitel des Werkes da und nennt namentlich das, was womöglich langsam in Teilen den Veränderungen der Zeit weichen muss: nämlich das ländliche Idyll mit all seinen natürlichen Facetten; das, was nicht nur der Hundeseele, sondern auch dem Herrn «[...] lieb, vertraut und bedeutend [...]» (ibid.: 39) ist. Obwohl Bauschan durch die gewählte Sprache unverkennbar als nichtmenschliches Tier kategorisiert und als verstandesmäßiger Gegenpol zum Menschen wahrgenommen wird, führt die Interspeziesbegegnung auch situativ und perspektivisch zu neuen Selbst- und Naturerfahrungen bei seinem Herrn (sowie bei uns als Rezipienten), durch die sich wiederum andere Wahrnehmungen auf die (Mit)Welt, das eigene Selbst und auf das nichtmenschliche Tier sprachlich hervortun. In diesen und ähnlichen Momenten ist der Tier-Mensch-Dualismus a limine aufgelöst. Die Interaktionen und die kommunikativen Anteile in der Interspeziesbegegnung scheinen plötzlich höher auszufallen (cf. ibid.: 39; 52-53; 60-61; 67-68), da sich die Subjekte auf gleicher Ebene begegnen. Dies schlägt sich auch im (Umgangs)Ton des Herrn mit Bauschan nieder: So mutet die Sprache in solchen Situationen gedankenverloren und träumerisch, ja bedeutend sanfter, einfühlsamer sowie tierorientierter an und es überwiegt nicht mehr der gesellschaftskonforme tugendhaft-kühle Ton beim Umgang mit dem nichtmenschlichen Tier (cf. ibid.: 67). Dass die nahezu romantisierten Gedankengänge und Schwärmereien in den sprachlich empathischen Situationen nicht von langer Dauer sein sollen, zeigt sich in diesen Auszügen daran, dass sich der Herr abrupt in seinen Ausführungen unterbricht, um an den Konventionen des Tier-Mensch-Dualismus festzuhalten (cf. ibid.: 79; 81-83; 91), dementsprechend zur Besinnung zu kommen und sittsam die Contenance und Distance zu Bauschan sowie «[...] den lebendigen Blick [s]einer Erinnerung [...]» (ibid.: 91) auf das nichtmenschliche Tier zu bewahren.

Im Gegensatz zur wahrnehmbaren Tier-Mensch-Dialektik in der Mann'schen Erzählung ist eine deutlich engere Verbindung von Mensch zu nichtmenschlichem Tier in der Interspeziesbegegnung in *Platero y yo* schon zu Beginn spürbar, wenn wir vom lyrischen Ich erfahren, dass es seinen Silberesel «[...] dulcemente [...]» (Jiménez 2016: 85) zu sich ruft und dieser in einem «[...] trotecillo alegre que parece que se ríe [...]» (id.) zu seinem menschlichen Kompagnon hinüberläuft. Sowohl die Vertrautheit und emotionale Verbindung zwischen beiden Spezies als auch die stellenweise Attribuierung anthropomorph wirkender Eigenschaften in den Darstellungen zum Eselwesen sind in diesen wenigen Zeilen bereits sprachlich unverkennbar. Konträr zu Bauschan und seinem Herrn ist eine fast dauerhafte (kommunikative) Interaktion zwischen Platero und seinem menschlichen Freund beobachtbar, die gewiss auf reziproker und bedingungsloser Loyalität aufbaut: So helfen sie einander (cf. ibid.: 89) und ihrer Mitwelt, erfreuen diese (cf. ibid.: 126; 135; 188) und stehen einander in jeder Lebenslage in solch einer Intensität bei (cf. ibid.: 90; 96; 113; 148), dass sich sogar die Gefühlswelten beider Subjekte vorübergehend zu der eines einzelnen Subjektes aufgrund gemeinsamer Erlebnisse und Erfahrungen zu amalgamieren scheinen (cf. ibid: 109). Plateros Dasein und die menschliche Wahrnehmung desselbigen hat im Wesentlichen nichts mit der Entität Bauschans und der Perzeption seines Herrn gemein: Im Gegenteil scheint der Esel weder nichtmenschliches noch menschliches Subjekt zu sein. Vielmehr unterliegt er, wenn er hier und da als transzendentales oder unwirkliches Wesen erscheint (cf. ibid.: 85; 88), einem Allegorisierungsprozess. So können wir manifestieren, dass vieles in der andalusischen Elegie «[...] se concentra [...] en las imágenes muy atrevidas y en el juego y paso constante de las impresiones de unos sentidos a otros; de lo *abstracto* del pensamiento a lo *concreto* de la acción» (Bayón 1957: 373). Darüber hinaus sei an dieser Stelle zu bilanzieren: Je höher die kommunikativen Anteile sowie je größer die (sprachlichen) Interaktionen in der Interspeziesbegegnung ausfallen, desto kleiner scheinen Distanz und Unterschiede zwischen beiden Spezies aus der Wahrnehmung des Menschen heraus zu werden. Die Voraussetzung hierfür ist jedoch, dass der Mensch aus seinem sozial fest verankerten Habitus hervortritt und sich (sprachlich) hin zu einer «[...] Dezentrierung des Menschen [...]» (Fenske 2016: 302) entwickelt sowie hin zu einer Welt orientiert, in der das nichtmenschliche Tier nicht mehr als fremdes Anderes wahrgenommen wird. Allerdings sei zu konstatieren, dass dieses Heraustreten aus den selbst ge- bzw. verstrickten gesellschaftlichen Fäden die Abkehr vom sozial-kulturellen Diskurs und den damit einhergehenden normierten Denkweisen bedeutet: Betrachten wir in diesem Rahmen noch einmal die beiden spanischen Protagonisten, stößt die hier recht unkonventionelle Interspeziesinteraktion partiell auf soziale Missbilligung und Despektion, die sich sprachlich hervortun. So lesen wir von den «[...] chiquillos gitanos [...]» (Jiménez 2016: 91), die «[...] corren detrás de [Platero y del yo-lírico], chillando largamente: – ¡El loco! ¡El loco! ¡El loco!» (id.). Wir sehen hier oder auch an anderer Stelle (cf. ibid.: 158), dass dieses Tier-Mensch-Gefüge durch seine Andersartigkeit eine Marginalität erfährt. Trotz dieser sozialen Negation lässt sich das lyrische Ich in seiner Bewunderung für Platero nicht beirren, im Gegenteil scheint dies sowohl die Interspeziesrelation und -kommunikation als auch den unbewussten Wunsch nach Selbsterfahrung noch zu verstärken, wenn das menschliche Subjekt zu seinem Esel spricht: «¡Quiénes habíamos de ser! Nosotros... ¿verdad, Platero?» (id.). Gewissermaßen konstruiert sich das lyrische Ich mit seinem Eselfreund sprachlich seine eigene Welt, in der jedes Subjekt Respekt verdient und in der es selbst mit und durch Platero und den damit einhergehenden Selbst-, Natur- und transzendentalen Erfahrungen sein eigenes Dasein reflektieren und ausloten kann. Platero ist sowohl im Werktitel als auch im Werk selbst situativ als Projektionsgegenüber des nicht-tierischen Selbst wahrnehmbar. So lässt sich konstatieren, dass der Esel oftmals einem Abstrahierungsprozess unterliegt, durch den er in bestimmten Situationen zur Spiegelinstanz für den menschlichen Protagonisten wird.

3.1 Audiatur et altera pars[5] – Vom Hören und Gehört werden

Schauen wir noch einmal genauer auf den menschlichen (Umgangs-)Ton in der Interaktion mit dem nichtmenschlichen Begleiter in beiden Werken, werden wir hier Differenzen gewahr, die sich gleichsam auf den sozial-kulturellen Diskurs zurückführen lassen und in der menschlichen Haltung widerspiegeln. In der Interspeziesbegegnung von Bauschan und seinem Herrn dominieren tierlicher Gehorsam und das Befolgen klarer Anweisungen auf sittsam-repressive Art als Legitimation des konventionellen Umgangs mit einem Haustier. Ausschnitte, in denen über den Hühnerhundmischling (imaginär) gesprochen wird (cf. Mann 2017: 80), nehmen den Großteil der Erzählung ein und offenbaren uns vielfach wohlwollende, aber auch teilweise kritisch-prüfende Blicke auf das nichtmenschliche Tier. Nur an wenigen Stellen finden wir direkte Kommunikationsformen vor, in denen mit Bauschan (gedanklich) gesprochen wird. Sie lassen sowohl mahnende, ironisch-spöttische (cf. ibid.: 35; 82; 89) als auch freundlich-verständnisvolle Töne erklingen, bei denen dem Hund situativ Gehör geschenkt wird (cf. ibid.: 66-67; 82). Insgesamt sei jedoch festzuhalten, dass in der Interspeziesbegegnung die Unterordnung Bauschans zu überwiegen scheint.

Konträr hierzu lässt sich die Tier-Mensch-Verbindung auf sprachlicher Ebene in *Platero y yo* konturieren. Fortlaufend werden wir dem warmen, herzlichen und fürsorglichen Ton im Umgang mit Platero gewahr, dem in keiner der *estampas* nur eine Nuance autoritärer Willkür zu entnehmen ist, wenn wir beispielsweise lesen:

> Tú, si te mueres antes que yo, no irás Platero mío, en el carrillo del pregonero, a la marisma inmensa, ni al barranco del camino de los montes, como los otros pobres burros, como los caballos y los perros que no tienen quien los quiera. No serás, descarnadas y sangrientas tus costillas por los cuervos [...] Vive tranquilo, Platero. Yo te enterraré al pie del pino grande y redondo del huerto de la Piña, que a ti tanto te gusta. Estarás al lado de la vida alegre y serena (Jiménez 2016: 95).

Platero nimmt also einen in der Zeit unüblichen Stellenwert in der menschlichen Sphäre ein, da er ungetrübt und ohne Restriktionen am Leben des lyrischen Ichs teilnehmen kann/darf sowie kommunikativ in Erfahrungen und Erlebnisse mit eingebunden wird. Sowohl der Esel als auch das lyrische Ich finden durch die reziproke Interspezieskommunikation Gehör beim anderen Subjekt, lernen von- und miteinander (cf. ibid.: 94; 108; 148) und scheinen trotz unilateraler Sprachbarriere einander verstehen sowie die Gemütszustände des anderen mit- und erfühlen zu können (cf. ibid.: 95; 96; 187).

Auch wenn wir nur aus unserer menschlichen Perspektive die (Mit)Welt wahrnehmen sowie auf Basis uns vertrauter Verhaltensweisen Rückschlüsse auf die Innenwelt des nichtmenschlichen Tieres ziehen können, ist es der fiktive Esel, der dem lyrischen Ich und uns als Rezipienten den Zugang zu einem neuen Blickwinkel ermöglicht. Initiiert durch die Begegnung mit dem nichtmenschlichen Tier, ist es das Hineinhorchen in sich selbst und das einfühlsame Ergründen des Gegenübers sowie das Hineinhören in andere Subjekte, das hier sowohl durch die Wortwahl als auch durch den emotional aufgeladenen menschlichen Blick auf das nichtmenschliche Tier zwischen den Zeilen hervorsticht und die Interspeziesbegegnung zu etwas ganz Besonderem macht.

4 Fazit mit Ausblick

Wie wir eruieren konnten, gestaltet sich das Zusammenleben der Spezies in beiden Werken durch Kontraste in Sprach- und Kommunikationsformen verschiedenartig. Gemeinsamkeiten lassen sich vor allem dort herausstellen, wo menschliche mit nichtmenschlichen Subjekten in natürlicher Umgebung durch (sprachliche) Interaktionen, naturnahe Sinneseindrücke und Erlebnisse für sie partiell ungewohnte Selbsterfahrungen machen, die wiederum die eigene Selbstwahrnehmung und den Blick auf die (Mit)Welt sowie den tierlichen Begleiter in *Herr und Hund* vorübergehend und in *Platero y yo* ganzheitlich konstant zu tangieren scheinen. Während der Herr im Mann'schen Werk noch den Tier-Mensch-Dualismus aufrechtzuerhalten versucht, indem er sein eigenes Herausbrechen aus Gesellschaftsnormen dann sanktioniert, wenn er sich selbst – leicht exaltiert – beim leidenschaftlichen Schwärmen über Bauschan, sein Naturell und seine einzigartige Relation zu ihm erwischt, scheint die Gleichberechtigung des Esels auf allen Ebenen für das lyrische Ich im Prosagedicht Jiménez' in der Tier-Mensch-Relation und -Interaktion nicht ungewöhnlich zu sein.

Nuancierungen in Sprache und Kommunikation können also im Zusammenspiel mit dem (un)bewussten Überschreiten sozial normierter Sitten sowohl im Mann'schen Werk als auch in Jiménez' andalusischer Elegie der Schlüssel für neue Selbsterfahrungen und -wahrnehmungen in Tier-Mensch-Komplexen sein; dies gilt sowohl für die in den Werken interagierenden Figuren als auch für uns als außertextuelle Rezipienten. Sich losgelöst von gesellschaftlich-kulturellen Einschränkungen bewusst mit der (Mit)Welt auseinanderzusetzen, schließt also in gewissem Maße u.a. auch die bewusste Verwendung und den adäquaten situativen Einsatz von Sprache und Kommunikation mit ein. Erst hierdurch scheint es im Hinblick auf das Tier-Mensch-Gefüge möglich, den sich selbst im sozialdiskursiven Kontext aufgestellten Hürden für den Moment auszuweichen oder sie sogar perspektivisch gekonnt und routiniert zu überschreiten.

Bibliographie

Bayón, Damián Carlos. 1957. «Platero y yo y españoles de tres mundos. Algunas acotaciones a la prosa de Juan Ramón Jiménez». In: *La Torre. Revista General de la Universidad de Puerto Rico*, Vol. 19-20, N° 5, 365-379.

Bolte, Rike. 2017. «World literature a lomo de burro: sobre la universalidad y la medialidad de las fórmulas poéticas de *Platero y yo* (elegía andaluza) (1914)». In: Locane, Jorge J.; Müller, Gesine (edd.): *Poesía española en el mundo. Procesos de filtrado, selección y canonización*. Madrid/Frankfurt am Main: Vervuert, 61-80.

Criado Costa, Joaquín. 1993. «Juan Ramón Jiménez. La expresión del color en *Platero y yo*». In: *Boletín de la Real Academia de Córdoba de Ciencias, Bellas Letras y Nobles Artes*, Vol. 63, N° 124, 7-25.

Eitler, Pascal. 2009. «In tierischer Gesellschaft. Ein Literaturbericht zum Mensch-Tier-Verhältnis im 19. und 20. Jahrhundert». In: *Neue politische Literatur*, Vol. LIV, N° 1, 207-224.

Fenske, Michaela. 2016. «Andere Tiere, andere Menschen, andere Welt? Human-Animal Studies als Chance für neue Perspektiven, erweiterte Methoden und fruchtbare interdisziplinäre Zusammenarbeit – Ein Kommentar». In: Forschungsschwerpunkt »Tier – Mensch – Gesellschaft« (ed.): *Den Fährten folgen. Methoden interdisziplinärer Tierforschung*. Bielefeld: transcript Verlag, 293-309.

Fill, Alwin. 2015. «Language Creates Relations Between Humans and Animals. Animal Stereotypes, Linguistic Anthropocentrism and Anthropomorphism». In: Spannring, Reingard; Heuberger, Reinhard; Kompatscher, Gabriela; Oberprantacher, Andreas; Schachinger, Karin; Boucabeille, Alejandro (edd.): *Tiere, Texte, Transformationen. Kritische Perspektiven der Human-Animal Studies*. Bielefeld: transcript Verlag, 179-192.

Gerigk, Horst-Jürgen. [9]1996. «‚Herr und Hund' und Schopenhauer». In: Heftrich, Eckhard; Sprecher, Thomas (edd.): *Thomas Mann Jahrbuch*. Frankfurt a. M.: Vittorio Klostermann, 155-172.

Glock, Hans-Johann. 2016. «Philosophie. Geist der Tiere». In: Borgards, Roland (ed.): *Tiere. Kulturwissenschaftliches Handbuch*. Stuttgart: J.B. Metzler, 60-78.

Hiergeist, Teresa. 2019. *Tiere der Arena – Arena der Tiere. Neuverhandlungen der Interspezies-Relationen in den aristokratischen Kampfspielen des siglo de oro*. Würzburg: Verlag Königshausen & Neumann.

Honold, Alexander. 2012. «Vorkriegs-Nachlese mit Herr und Hund. Eine Dekonstruktion». In: Honold, Alexander; Werber, Niels (edd.): *Deconstructing Thomas Mann*. Heidelberg: Universitätsverlag Winter, 43-63.

Jiménez, Juan Ramón. [29]2016. *Platero y yo. (Elegía andaluza)*. Madrid: Ediciones Cátedra.

Kompatscher, Gabriela; Spannring, Reingard; Schachinger, Karin. 2017. *Human-Animal Studies. Eine Einführung für Studierende und Lehrende*. Münster/New York: utb.

Krebber, André; Roscher, Mieke. 2016. «Spuren suchen, Zeichen lesen, Fährten folgen». In: Forschungsschwerpunkt »Tier – Mensch – Gesellschaft«. (ed.): *Den Fährten folgen. Methoden interdisziplinärer Tierforschung*. Bielefeld: transcript Verlag, 11-27.

Kurth, Markus; Dornenzweig, Katharina; Wirt, Sven. 2016. «Handeln nichtmenschliche Tiere? Eine Einführung in die Forschung zu tierlicher Agency». In: Wirth, Sven et al. (edd.): *Das Handeln der Tiere. Tierliche Agency im Fokus der Human-Animal Studies*. Bielefeld: transcript Verlag, 7-42.

Mann, Thomas. [45]2017. *Herr und Hund. Ein Idyll.* Frankfurt a. M.: S. Fischer Verlag.

Mussner, Marlene. 2015. «Tierbezeichnungen als abwertende Personenbezeichnungen. Ein Vergleich zwischen den Sprachen Deutsch, Französisch und Italienisch». In: Spannring, Reingard et al. (edd.): *Tiere, Texte, Transformationen. Kritische Perspektiven der Human-Animal Studies.* Bielefeld: transcript Verlag, 157-178.

Piskorski, Rudolfo. 2015. «Animal As Text, Text As Animal. On the 'Matter' of 'Textuality'». In: Spannring, Reingard et al. (edd.): *Tiere, Texte, Transformationen. Kritische Perspektiven der Human-Animal Studies.* Bielefeld: transcript Verlag, 245-262.

Predmore, Michael P. 1970. «The Structure of Platero y Yo». In: *Publications of the Modern Language Association of America* (PMLA), Vol. 85, N° 1, 56-64.

Spannring, Reingard et al. 2015. «Tiere – Texte – Transformationen. Das Mensch-Tier-Verhältnis im Wandel». In: Spannring, Reingard et al. (edd.): *Tiere, Texte, Transformationen. Kritische Perspektiven der Human-Animal Studies.* Bielefeld: transcript Verlag, 9-21.

Steinbrecher, Aline. 2016. «Zugriffe. Tiere und Geschichte». In: Borgards, Roland (ed.): *Tiere. Kulturwissenschaftliches Handbuch.* Stuttgart: J.B. Metzler, 7-16.

Stutz, Elfriede. 1970. «Studien über Herr und Hund. (Marie von Ebner-Eschenbach – Thomas Mann – Günter Grass)». In: Schwab, Ute (ed.): *Das Tier in der Dichtung.* Heidelberg: Carl Winter Universitätsverlag, 200-238.

Ullman, Pierre L. 1987. «La estructura epifánica de Platero y yo». In: *Crítica Hispánica.* Vol. 9, N° 1-2.

Lars Thorben Henk (Landau)

«We're on the road to nowhere» – Felwine Sarrs narrativer Weg in die Afrotopie

According to the Senegalesian scholar Felwine Sarr who conceives an African utopia in his programmatic essay *Afrotopia* (2016), this Afrotopos has already germinated in contemporary African literature. However, it still needs to be enquired to what extent the narrated topos of the street in Sarr's own anthology *105 Rue Carnot* (2011) has already realized the Afrotopos. In order to respond to this question, we would like to mobilise Michel Foucault's concept of heterotopia, which elaborates on the interactions between truth production/knowledge, power and space, and permits us to conceive of «des lieux utopiques» (Foucault 2005: 40) as actually locatable on the map and real other places outside of all places (cf. Foucault 1994: 755). Thus, in the street, a different relationship between global North and South is founded, which becomes legible as an African «utopie localisée» (Foucault 2005: 41) that Sarr calls for in *Afrotopia* (2016).

Keywords: *utopia*; *heterotopia*; *street*; *space*; *power*;

1 Einleitung

In ihrer 1985 auf dem Album *Little Creatures* erschienenen und kommerziell erfolgreichsten Single *Road to Nowhere* besingt die US-amerikanische Rockband *Talking Heads* einen gemeinsam angetretenen Weg ins «nowhere». Dabei spielt die Band mit der Polysemie dieses Begriffs. So lässt sich die «road to nowhere» kataklystisch als eine Reise ins Nichts, also in den Ruin deuten. Eine zweite unweigerlich positivere Interpretation betrachtet den Weg als ein zielloses Unterwegssein, ausschließlich um des Unterwegsseins willen. Diesen Lesarten steht eine dritte Deutung zur Seite, die den programmatischen Ausspruch «We're on the road to nowhere» im Kontext der Liedzeile «And the future is certain/Give us time to work it out» interpretiert. Wenn die Zukunft, die gemeinsam realisiert werden soll, wozu es Zeit bedarf, klar konzipiert ist, dann lässt sich das «nowhere» als ein solcher imaginativ erfasster, aber noch nicht realisierter Nichtort (u- bzw. a-topos) verstehen, den es nun zu verwirklichen gilt. Dem Liedtext gemäß wandern die Singenden somit weder ziellos umher, noch steuern sie auf eine Katastrophe zu, sondern sie befinden sich auf dem Weg, auf der Straße in die Utopie. Gemäß dieser Deutung wird eine Verbindung zwischen dem konkreten topos der Straße, der Bewegung und der Utopie hergestellt.

Diese Verknüpfung lässt sich auch für die afrikanische Gegenwartsliteratur feststellen. So konstatiert etwa Lydia Bauer (cf. 2019: 36), dass Straßen in der afrikanischen Gegenwartsliteratur als Handlungsraum omnipräsent seien. Insbesondere die Erzählsammlung *105 Rue Carnot* (2011) von Felwine Sarr ist für eine literaturwissenschaftliche Auseinandersetzung von besonderem Interesse, weil sie in Beziehung mit einem weiteren Buch steht, das Sarr in seiner Stellung als Professor für Wirtschaft und afrikanischer Intellektueller 2016 verfasst hat. In *Afrotopia* (2016) unternimmt Sarr den Versuch, jenseits okzidentaler afropessimistischer Gegenwarts- und afroeuphemistischer Zukunftsvisionen eine Utopie für Afrika zu denken (cf. Sarr: 2017; 2018). Für die Konzeption eines autonomen zivilisatorischen Zukunftsprojekts für Afrika seien die soziokulturellen Dimensionen des afrikanischen Lebens von besonderer Bedeutung, denn es handle sich um afrikanische Diskurse, die autonome Wahrheiten über Afrika produzieren (cf. Sarr 2016: 42). In diesem Zusammenhang erklärt Sarr, dass der Afrotopos vor allen Dingen in der afrikanischen Gegenwartsliteratur bereits keimzellenartig vorgebildet sei (cf. ibid.: 134). Der nachfolgenden Untersuchung liegt deshalb die Fragestellung zugrunde, inwiefern der narrativierte topos der Straße in der Erzählung *Annie chez les pauvres* (Sarr 2011: 49-67) den Afrotopos bereits realisiert.

Zur Beantwortung dieser Frage bietet uns das Heterotopie-Konzept, das Michel Foucault[1] entwickelt hat, um die Wechselwirkungen zwischen Wahrheitsproduktion/Wissen, Macht und Raum zu konzipieren, eine adäquate theoretische Untersuchungsmatrix. Foucaults Raumausführungen erlauben es, die Dichotomie von topos und u-topos zu überwinden und «des lieux

---

[1] Der Rekurs auf Foucault scheint außerdem gerechtfertigt, weil Sarr mehrfach sein Konzept der Épistémè verwendet (cf. Sarr 2016: 13; 21; 31; 108; 114), um die Weltsicht bzw. Wissensordnungen des Okzidents zu beschreiben. Die Ökonomie fasst er als Disziplin auf, die zur *Ordnung des Diskurses* gehört (*A*: 71), die Foucault in seiner Antrittsvorlesung am Collège de France thematisiert hat.

utopiques» (Foucault 2005: 40) als tatsächlich auf der Landkarte lokalisierbare und reelle andere Orte außerhalb aller Orte (cf. DE IV: 755[2]) aufzufassen. Mit Blick auf Sarrs Erzählband kann schließlich gezeigt werden, dass die heterotope Straße in Fadiouth in *Annie chez les pauvres* der Ort der Konstitution eines Gegenraums und einer -ordnung zum okzidentalen Wahrheitsspiel und dessen Machtwirkungen in Afrika ist, demzufolge das afrikanische Subjekt unterentwickelt sei und deshalb der Entwicklungshilfe bedürfe. Die Straße wird ein Ort außerhalb dieser imperial-ökonomischen Ordnung. Dort wird mit der Unterwerfung unter die wirtschaftlichen Kriterien gebrochen. Es wird eine andere Beziehung zwischen globalem Norden und Süden gestiftet, die als Heterotopie, d.h. als afrikanische «utopie localisée» (Foucault 2005: 41), die Sarr in *Afrotopia* (2016) fordert, lesbar wird.

Dementsprechend besteht die Untersuchung aus drei Schritten. Zuerst wird Foucaults Heterotopie-Konzept im Zusammenhang seines Projekts, eine Geschichte der Wahrheit zu schreiben, kontextualisiert. Danach wird in Sarrs *Afrotopia* (2016) das Wahrheitsspiel rekonstruiert, das es erlaubt (hat), Afrika – auch mit dem Beitrag der Afrikaner selbst – als unterentwickelten Kontinent zu konzipieren. In diesem Zusammenhang wird ebenfalls offengelegt, wie Afrika sich mittels einer autonomen Utopie davon befreien kann. Anschließend wird die Straßenerzählung in *Annie chez les pauvres* aus *105 Rue Carnot* analysiert.

2 Foucaults Heterotopien im Rahmen seiner «Histoire de la vérité»

Im Zuge des *topographical turn* der Literaturwissenschaften wird unter anderem die Beziehung zwischen den literarischen Rauminszenierungen und den kulturellen Ordnungen untersucht, die jene hervorgebracht haben. So geht Neumann (cf. 2009: 119-120; 135) davon aus, dass narrativierte Raumordnungen gesellschaftliche Raumordnungen zugänglich machen, die nicht von Wissens- und Machtordnungen einer Gesellschaft abzulösen sind. Literarische Rauminszenierungen werden somit daraufhin analysiert, wie die kulturelle

---

[2] Foucaults Werke werden bis auf den Radiovortrag zu den Heterotopien (2005) nach den Siglen DE I-IV und Œ I-II zitiert.

Ordnung einer Gesellschaft inklusive ihrer dominierenden Normrangfolgen und zirkulierenden «Kollektivvorstellungen von Zentralität und Marginalität, von Eigenem und Fremden sowie [...] Vertrautem und Fremden» (Hallet/Neumann 2009: 11) in der Literatur verhandelt wird. Diese Ordnungen können reproduziert, reflektiert und transformiert werden (cf. id.; Neumann 2009: 116). Gerade in postkolonialer Literatur kommt dieses transgressive Vermögen der Literatur, den Sozialraum verändern zu wollen, zum Ausdruck (cf. ibid.: 117; 135), denn in diesen Texten wird die literarische Rauminszenierung als «Raum*um*ordnung» (Döring 2015: 139) und somit als evozierter Perspektivenwechsel hinsichtlich der sich perpetuierenden Hegemoniebeziehungen zwischen globalem Norden und Süden lesbar.

Foucaults Heterotopie-Konzept bietet einen Zugang, um diesen Zusammenhang detailliert zu erforschen (cf. Hallet/Neumann 2009: 13). Heterotopien sind für Foucault konkrete Orte der Verräumlichung von Wissens- und Machtordnungen (cf. id.). Deshalb lassen sie sich nicht von seinem Forschungsprojekt einer «Histoire critique de la pensée» (DE III: 631) ablösen. Diese versteht Foucault als eine «histoire des rapports que la pensée entretient avec la vérité» (DE IV: 669). Jedoch verfolgt er damit nicht das Ziel, eine Geschichte der Erkenntnisse zu schreiben, sondern die historisch feststellbare «émergence des jeux de vérité» (DE IV: 632) zu untersuchen. Bei den Wahrheitsspielen handelt es sich um jene diskursiven Spiele, in denen sich Seinsphänomene als Objekte des Denkens manifestieren. Dadurch, dass sie dem Spiel von wahr und falsch unterworfen werden, werden sie zu einem «discours de vérité» (ŒII: 686) und schließlich zu einer «domaine de connaissance» (DE III: 137). Diese Regeln des «*wahr-sagen[s]*» (DE IV: 445, Deutsch im Original), mithilfe derer sich ein Subjekt als krank, wahnsinnig, delinquent oder mit Begehren versehen auffasst (ŒII: 742; cf. DE IV: 634), rekonstruiert Foucault. Dabei unterstreicht er, dass sich die Wahrheitsproduktion nicht von Macht ablösen lässt. Für Foucault ist Wahrheit gleichzeitig sowohl Instrument als auch Effekt von bestimmten strategisch ausgespielten Kräfteverhältnissen in einem Wahrheitsregime[3] (cf. Œ II: 683-

---

[3] Die «économie politique de la vérité» (DE III: 158) charakterisiere sich gegenwärtig erstens dadurch, dass Wahrheit von Wissenschaftlern, das bedeutet von ausgebildetem Personal mittels als objektiv aufgefasster Methoden, in zweitens eigens für die

685; Günzel 2020: 343). Als integraler Bestandteil des Spiels bringen diese Kräfteverhältnisse die Wahrheit über den Kranken, Verrückten, Straftäter und sexualisierten Menschen erst hervor (cf. auch DE IV: 633-634).

Auf diesen Zusammenhang von Wahrheitsdiskursen und Macht, den Foucault laut eigener Aussage als Kernproblem in nahezu allen seiner Bücher untersucht (cf. DE III: 137), hat er zuerst 1975 in *Surveiller et punir* (Œ II: 262-613) hingewiesen. Anhand der Architektur des Panoptikums hat er erläutert, wie allein die *Möglichkeit*, in einem bestimmten Moment im Blickfeld des Wärters zu handeln, das Verhalten der Insassen diszipliniert. Dieser «effet de visibilité» (DE IV: 191) ist die direkte Folge einer «pouvoir spatialisant» (ibid.: 202) und verweist damit auf eine dritte kategoriale Achse in den Arbeiten von Foucault, nämlich den Raum (cf. auch Warning 2015: 183-184). In der Tat erklärt Foucault in einem Interview, dass der Raum die fundamentale Kategorie «dans tout exercice du pouvoir» (DE IV: 282) sei und dass diese es gewesen sei, die ihm erst die Beziehungen zwischen Macht und Wissen aufgeschlossen habe (cf. DE III: 33). Das Projekt einer kritischen Geschichte der Wahrheitserzeugung mit Blick auf die Machtmechanismen und -institutionen impliziert deshalb «une histoire des espaces» (DE III: 192) (cf. Defert 2005: 81-92).

In seinem 1967 in Paris vor Architekten gehaltenen Heterotopie-Vortrag[4] behandelt Foucault zwei Klassen von Räumen, die gleichzeitig Repräsentationen, Zurückweisungen und Umkehrungen des dominierenden Zusammenhangs zwischen Wahrheit/Wissen, Macht und Raum sind. Während die Utopien, worauf die Etymologie bereits verweist (cf. ibid.: 74), keinen Sitz in der Realität haben, bloß imaginäre Räume innerhalb einer Gesellschaft seien, seien Heterotopien jene «lieux utopiques» (Foucault 2005: 40), die sich konkret lokalisieren lassen, demnach «utopies effectivement réalisées» (DE IV: 755).

Die systematische Untersuchung dieser Orte sei Gegenstand der Heterotopologie, deren Grundsätze Foucault nachfolgend erläutert. Dem ersten

---

Wissensproduktion vorgesehen Institutionen konstruiert werde. Die wissenschaftliche Arbeit hänge drittens und viertens entscheidend von Politik und Ökonomie ab, die diese Institutionen sowohl finanzieren als auch kontrollieren. Deshalb sei sie stets Gegenstand politischer und sozialer Kämpfe. Schließlich werde die Wahrheit im Bildungssystem tradiert (cf. ibid.:158-159).

4 Einen genauen Überblick über die Entstehung und die Rezeption des Heterotopie-Konzepts gibt Defert (2005; cf. auch Warning 2015).

Grundsatz gemäß bringe wohl jede Gesellschaft vielfältige Heterotopien hervor, sodass sich Gesellschaften nach diesen klassifizieren lassen. In der Vormoderne, die Raum insbesondere durch das Oppositionspaar von sakral und profan strukturiert habe, beschreiben die Heterotopien Versammlungsorte für Menschen, die sich in einer biologischen Krisensituationen befunden hätten, wie beispielsweise menstruierende oder gebärende Frauen. In der Moderne hingegen lösen die Abweichungs- die Krisenheterotopien ab. Es handelt sich um Orte, wo Menschen versammelt werden, deren Verhalten von den gesellschaftlichen Normen abweicht. Als Beispiele führt Foucault psychiatrische Kliniken, Gefängnisse und Altenheime an. Laut dem zweiten Grundsatz der Heterotopologie können bereits bestehende Heterotopien einen Funktionswandel durchlaufen, wie Foucault anhand des Friedhofs zeigt. Dem dritten und vierten Grundsatz gemäß vereinen Heterotopien mehrere unvereinbare Räume und Zeitordnungen an einem Ort. Foucault verdeutlicht dies anhand des Gartens, von Museen, Bibliotheken, Jahrmärkten und Ferienlagern. Fünftens erläutert Foucault, dass Heterotopien bestimme Mechanismen «d'ouverture et de fermeture» (ibid.: 760) aufweisen. So haben Heterotopien bestimmte Eintrittsbedingungen, die erfüllt sein müssen, damit Menschen Zugang zu ihnen erhalten. In erster Linie realisiere sich der Eintritt entweder mittels Zwangs oder (Reinigungs-)Ritualen. Schließlich konstatiert Foucault, dass Heterotopien eine Funktion besitzen. Entweder dienen Heterotopien dazu, eine Illusion zu erzeugen, die darauf abzielt, die Wirklichkeit als Illusion zu konstruieren, oder aber sie kompensieren die Unperfektion der Wirklichkeit, das heißt der eigenen gesellschaftlichen Ordnung, indem sie eine perfekte Ordnung simulieren. Sie dienen dazu, die Wirklichkeit zu vervollkommnen. Als Beispiel führt Foucault die puritanischen und die Jesuiten-Kolonien an, die «autres lieux absoluments parfaits» (DE IV: 761) verwirklicht hätten. Zu den Illusionsheterotopien zählen für Foucault die traditionellen (französischen) Bordelle. Das Bordell fixiert Sehnsüchte (cf. Warning 2015: 181) nach Partnerschaft, Annahme oder Zuhause, indem es die Illusion (eine wie auch immer geartete Beziehung) als Realität verkauft und so die Realität (Geld gegen Sex) als Illusion ausweist.

Foucault darf jedoch nicht so verstanden werden, als zielten Heterotopien ausschließlich auf Illusion oder Kompensation ab. Die geschilderten Funktionen sind hingegen spezifische Extrempole (cf. Tafazoli/Gray 2012: 12), die sich unter die allgemeine Zweckhaftigkeit summieren lassen, den Zusammenhang von Wahrheit/Wissen, Macht und Raum im Raum zu usurpieren und eine andere, heterogene (Wissens-)Ordnung an diese Stelle zu setzen (cf. Klass 2020: 307). Dort werden andere Spielregeln der Wahrheit konstituiert, die andere Subjektivitätsformen und damit Diskurse hervorbringen (cf. DE II: 541).

3 Felwine Sarrs *Afrotopia* (2016)

Die Frage nach dem diskursiven Zusammenhang von Wahrheit/Wissen, Macht und Raum stellt sich insbesondere für die Gegenwart und die Zukunft Afrikas. Die gegenwärtigen Sichtweisen und zukünftigen Prognosen sind das Produkt okzidentaler Wahrheitsdiskurse, die Afrika als einen unterentwickelten Kontinent konstituiert haben. In seinem programmatischen Essay *Afrotopia* (2016) unternimmt der senegalesische Ökonom, Schriftsteller, Essayist, Dichter und Musiker Felwine Sarr den Versuch, eine autonome Vision für Afrika zu entwickeln, die sich von den okzidentalen Zukunftsprognosen löst (cf. ibid.: 9-11; 40). Diese zu verwirklichende afrikanische Utopie ist ein zivilisatorisches, alle Gesellschaftsebenen umfassendes Projekt, das «d'autres chemins du vivre-ensemble» (ibid.: 27) anvisiert und die Dimensionen des Gesellschaftlichen anders als der unumstrittene okzidentale Bezugspunkt denkt.

Sarr beschreibt die Afrotopie nicht als einen wurzellosen afrikanischen «*atopos*» (ibid.: 133, kursiv im Original), der in keiner Verbindung zur Realität steht. Stattdessen begreift Sarr den afrikanischen Nichtort als «ce lieu autre» (ibid: 14; 133-136) des gegenwärtigen Afrikas. Es handelt sich um den realen «espace du possible» (ibid.: 136), in den die Potenziale des afrikanischen Kontinents bereits eingeschrieben sind. Diesen Möglichkeitsraum, «d'où s'énoncent de nouvelles pratiques, de nouveaux discours, et où s'élabore cette Afrique qui vient» (ibid.: 14), gilt es, mittels des Denkens und Handelns umfassend zu realisieren. Der a-topos wird bereits in konkreten Feldern gesellschaftlichen Lebens in der Wirklichkeit ausgeschrieben, wozu insbesondere die Gegenwartsliteratur zähle (cf. ibid.: 134).

Aus primär wirtschaftswissenschaftlicher Perspektive ist es Sarr zunächst daran gelegen, aufzuzeigen, wie die wirtschaftlichen und epistemologischen Abhängigkeiten vom Okzident Afrika daran hindern, sich selbst zu denken. Die Rekonstruktion und Zurückweisung der okzidentalen Wahrheitsspiele, denen gemäß Afrika ein unterentwickelter Kontinent sei, der mithilfe okzidentaler Maßstäbe zu entwickeln ist (cf. ibid.: 23; 123-127), stellen den ersten Schritt dar, um ein eigenes Zukunftsprojekt zu konzipieren. Dieses soll das gewaltige Potenzial des eigenen Kontinents mittels der Verwurzelung in den afrikanischen Soziokulturen aktualisieren (cf. ibid.: 64-87; 95-97; 101-122). Grundlage dieser dominierenden Weltsicht ist ein bestimmtes okzidentales Wahrheitsspiel, das die instrumentelle Vernunft (cf. Sarr 2018: 177) zur alleinigen Grundlage der «organisation sociale, politique et culturelle» (Sarr 2016: 29) gemacht hat. Auf Basis des Wahrheitsspiels des cartesianischen Dualismus von *res cogitans* und *res extensa*, der die Trennung von Subjekt und Objekt vollzogen hat, ist es im 17. Jahrhundert möglich geworden, die Natur zu einem Objekt des menschlichen Denkens zu machen. In diesem Kontext ist es der Subjektivität gelungen, Gesetze in der Natur zu entdecken, die es wiederum erlaubt haben, den Verlauf der Natur vorherzusagen und diese zu modifizieren. Der Anstieg des Wissens habe schließlich die Vorstellung eines unbegrenzten Fortschritts im Bereich des Wissens genährt, der auf das Soziale übertragen worden sei. Der lineare Fortschritt selbst wurde, so Sarr, zu der Kohäsion stiftenden Ursprungserzählung der okzidentalen Gesellschaften. Dieser Mythos des unendlichen Fortschritts fungiert nun als die grundlegende Struktur des okzidentalen «code symbolique à travers la manière de dire, de penser, de faire l'expérience du réel du groupe» (ibid.: 71-72). So legitimiert er die gesellschaftliche Ordnung, ihre Ziele sowie die Intervention in andere Gesellschaften. Der Ökonomiediskurs setzt diesen Fortschrittsmythos insofern fort, als ihm die Klassifikation der Wirklichkeit nach den eigenen Wahrnehmungs- und Bewertungsmustern gelinge, die der ursprünglichen Fortschrittserzählung entstammen (cf. Sarr 2017: 183). Der «écomythe» (id.) ordnet die Wirklichkeit gemäß den quantitativen Maßstäben, die er der Wirklichkeit zugrunde legt. Damit gewährleiste das in sein wirtschaftliches Kostüm eingekleidete Fortschrittsnarrativ erstens die Aufrechterhaltung der industriellen Gesellschaftsordnung des Okzidents sowie zweitens die

Übertragung der «vision occidentale des finalités de l'aventure sociale» (Sarr 2016: 25) auf die afrikanischen Gesellschaften (cf. ibid.: 71-72), die zur Nachahmung des Eurozentrismus verdammt werden (cf. Sarr 2018: 179).

Integraler Bestandteil dieses «écomythe» (ibid.: 24; cf. auch Sarr 2018: 183) sei das Mythem der Entwicklung. Damit habe der Okzident seine gesellschaftlichen Teleologien universalisiert, nachdem das Projekt des zivilisatorischen Fortschritts durch den Kolonialismus und die humanitären Katastrophen des 20. Jahrhunderts (cf. Sarr 2016: 30; Sarr 2018: 179-183) diskreditiert worden ist. Afrika dürfe dieses ökonomische Wahrheitsspiel nicht länger als hegemonialen Referenzdiskurs anerkennen, aus dem Afrikas Defizite und Entwicklungsprojekte abgeleitet werden (cf. ibid.: 125-126).

Diese Demontage der okzidentalen Grundannahmen mittels ihrer Historisierung verdeutlicht, dass diese Kosmo- und Mythologie nicht notwendig und universal ist, sondern kontingent und partikular. Für Sarr resultiert der Erfolg der okzidentalen Ökonomie aus der perfekten Abstimmung auf ihre Grundbedingungen. Dass Afrika die vom Okzident eingeforderten Ziele der wirtschaftlichen Entwicklung, die nur die Imperative des Fortschritts, der Entwicklung, des wirtschaftlichen Wachstums und Bekämpfung der Armut (cf. ibid.: 17; 22) kennt, nicht umsetzen kann, liegt daran, dass diese Form der Ökonomie nicht zum afrikanischen soziokulturellen Substrat passe. Die traditionellen afrikanischen Vorstellungen von der optimalen Ressourcenverteilung sind stattdessen Ausdruck einer Prestigeökonomie, die in eine Soziokultur eingebettet ist, deren Hauptaugenmerk auf der Aufrechterhaltung der sozialen Beziehungen gerichtet ist. Die ökonomischen Entscheidungen des Homo africanus seien durch «des logiques de l'honneur, de la redistribution, de la subsistance, des dons et contre-dons» (ibid.: 76-77) bestimmt.

4 Felwine Sarrs *105 Rue Carnot* (2011)

Sarr folgend ist der Afrotopos ein gesamtgesellschaftliches Projekt der autonomen Zukunftsaneignung, das mit der Hegemonie des Okzidents, das heißt mit den okzidentalen Wahrheitsspielen bricht. Außerdem realisiere sich der Afrotopos bereits keimzellenartig in der afrikanischen Gegenwartsliteratur (cf.

Sarr 2016: 134). Auf Basis dieser Voraussetzungen stellt sich die Frage, inwiefern Sarrs eigener Erzählband den Zusammenhang zwischen Utopie und dem topos der Straße narrativiert. Nachfolgend wird die These vertreten, dass Sarr die interkulturelle Begegnung von Annie und Joe in der Straße Fadiouth als eine Heterotopie, eine «utopie localisée» (Foucault 2005: 40) erzählt, die die Hegemonie des Ökonomiediskurses und ihre räumlich situierten Macht-wirkungen usurpiert und an diese Stelle eine andere Ordnung setzt. Die Straße, in der Annie und Joe aufeinandertreffen, konstituiert einen Gegenraum, der die okzidentale Ordnung unterläuft und eine heterogene Zukunftsordnung eröffnet.

Der von Sarr 2011 veröffentlichte Band versammelt sechs einzelne Erzählungen, die lose miteinander verbunden, zum überwiegenden Teil das alltägliche Leben in Dakar erzählen. Im Zentrum des Interesses steht die fünfte Erzählung *Annie chez les pauvres*. Sie handelt davon, wie eine junge «toubab» (ibid.: 55) aus Frankreich sich dazu entscheidet, in Afrika Entwicklungshilfe zu leisten. Mit beißend ironischem Unterton werden ihr familiärer Hintergrund, ihre Ankunft in Afrika und teils auch ihre dortigen Erfahrungen beschrieben.

Das gesamte Kapitel lässt sich als Spiel mit Heterotopien und ihren Verhältnissen untereinander bezeichnen, weil die geschilderten afrikanischen Orte allesamt mit den gesellschaftlichen Ordnungen spielen, diese repräsen-tieren, ihnen widersprechen, sie umdrehen und ersetzen. Dies trifft zunächst auf den Fernseher im Wohnzimmer von Annies Familie zu, der wie das Kino und das Theater verschiedene Orte und Zeiten zusammenführt und bestimmte Zugangsvoraussetzungen[5] besitzt. Der Fernseher ist der Ort, der den anderen Ort Afrika ins Wohnzimmer transferiert. Gleich dem Heterotopie und Utopie mischenden Ort des Spiegels (cf. DE IV: 755-757) zeigt er dem Zuschauer, wo er sich gerade befindet, auch wenn er nicht dort ist. Durch das Gerät wird eine Verbindung zwischen Frankreich und Afrika hergestellt. Im Fernseher wird ein anderer Ort dargestellt, der fundamental von der okzidentalen Ordnung und ihren Funktionsweisen abweicht. Annie erfährt Afrika als einen vollkommen armen und nicht industrialisierten Raum, in dem Krankheit und Mangel vorherrschen. Bestürzt von den gezeigten «enfants rachitiques aux ventres

---

[5] Auch wenn der Fernseher nicht betreten werden muss, erfordert seine Verwendung ein Wissen über An-, Um-, und Ausschalten.

ballonnées» (Sarr 2011: 49), den einfachen Hütten «sans eau ni électricité» (ibid.) auf dem Land, den Armen in den Städten sowie den Kriegsflüchtlingen, beschließt die in die gehobene Mittelklasse geborene Annie aufgrund ihrer mangelnden Zukunftsplanung, sich für eine wohltätige Organisation zu engagieren.

In Dakar, der Hauptstadt Senegals, angekommen, stellt Annie jedoch erstaunt fest, dass es sich um eine «ville normale» (ibid.: 59) handelt, deren moderner Urbanisierungsgrad ihren Erwartungen an das Afrika voller Armut und Krankheit, das ihre Hilfe sehnsüchtig erwartet, widerspricht. So fragt sie sich verwundert in der Großstadt, wo die «gueux et les enfants morveux aux ventres ballonnés qu'elles avait vus dans les reportages de TF1» (id.) seien. Das erste Mal erfährt sie, dass die Bilder nicht die Wirklichkeit Afrikas einfangen und ihre Erwartungen an der Wirklichkeit zerschellen. Schließlich bricht sie nach einer Woche Akklimatisierung per Autobus Richtung Samba Dia auf, wo sie beim Bau einer Gesundheitsstation Hilfe leisten will. In diesem Ort möchte sie ebenfalls die *vérité africaine* (id.) von Armut und Mangel sehen, denn das Afrika, dem sie bisher begegnet war, «cela ne pouvait pas être ça» (id.). Auf dem Weg machen Annie und ihr afrikanischer Begleiter einen Zwischenstopp in Joal. Dort wird bei ihrer Ankunft am 15. August Mariä Himmelfahrt gefeiert. Auch hier konstruiert Sarr den afrikanischen Raum als eine Heterotopie. Gewissermaßen spielt er das Spiel einer dreifachen Heterotopie. Erstens stellt das christliche Fest in einer überwiegend muslimisch geprägten Gesellschaft eine zeitlich bedingte andere Ordnung dar, die sich im konkreten Stadtteil Joal entfaltet. Wenngleich sie allen offen zugänglich ist, hat sie nur für die Christen Bedeutung. In Fadiouth, einem weiteren Stadtteil, den Annie von Touristen begleitet besucht, nehmen die Feierlichkeiten zu Mariä Himmelfahrt in Form der *nguels* eine besondere Gestalt an. Dabei handelt es sich um abendliche Zusammenkünfte. Zu diesem Anlass werden traditionelle, generationenübergreifende Musikvariationen auf der Gitarre gespielt, die von «amour, [...] épopées, [...] geste» (ibid.: 62) handeln. Diese «célébrations païennes» (ibid.: 63) konterkarieren den christlichen Feiertag. Das Fest führt in einer muslimisch geprägten Stadt Christentum und afrikanisch-heidnische Traditionen friedlich an einem Ort zusammen, der die dominierende Ordnung zeitlich begrenzt unterläuft. Niemand stört sich daran, dass dort verschiedene Ordnungen gleichzeitig nebeneinander existieren. Dass Fadiouth von den es umgebenden Dörfern und Städten abweicht, und damit eine zweite Heterotopie bildet, die den heterotopen Charakter von Joal noch einmal steigert, macht Sarr deulich, wenn er davon spricht, dass dieses inselförmige Dorf «avait poussé à l'extrémité de Joal comme un furoncle» (ibid.: 62). Es wird hier die Verbindung mit dem ursprünglichen medizinischen Wortsinn der Heterotopie als lokalisiertes Gewebe sichtbar, das nicht an diese Stelle gehört (cf. Defert 2005: 74). Fadiouth ist wie ein Furunkel außerhalb der gängigen Ordnung. Fadiouth bietet anders gesagt eine Gegenordnung sowohl innerhalb der senegalesischen Ordnung als auch mit Blick auf Annies Afrikabild. Die Festlichkeiten usurpieren den gegenwärtigen Afrikadiskurs des Okzidents, sie repräsentieren das «vraie Afrique» (ibid.: 63), einen Gegenraum zum westlichen Diskurs über Afrika, der diesen auslöscht und ersetzt. Es handelt sich um einen Raum voller Vitalität. In dieses «univers féerique» (id.) wird Annie hereingezogen und trifft in der Straße auf Joe Ouakam, einen Künstler, mit dem sie sich bereits zuvor unterhalten hatte. Die durch das doppelte heterotope Spiel gerahmte Begegnung zwischen der französischen Entwicklungshelferin Annie und dem senegalesischen Künstler Joe Ouakam bildet den Höhepunkt es Kapitels. Ihre Begegnung in den Straßen Fadiouths veranschaulicht erneut das Zusammentreffen zweier Ordnungen an einem Ort, die in einem anderen Funktionszusammenhang gedacht werden. Ihr Gespräch usurpiert eindrücklich die Hegemonie des Okzidents, dem es gelungen ist, in Afrika seine eigenen Ziele durchzusetzen. Afrika selbst macht in der Person Joes deutlich, dass Afrika der Entwicklungshilfe nicht bedürfe. Unter dem Schlagwort der Entwicklungshilfe seien es Annie und ihre Mitstreiter, «c'est vous qui, une fois de plus, fixez la norme» (ibid.: 64). Joe erklärt Annie, dass der Westen mit seinem Maßstab ein doppeltes Spiel treibe:

> Vous avez réussi à faire croire à notre jeunesse que vous déteniez les clefs du Paradis. Et ce paradis vous le fermez à double tour pour le rendre plus attrayant. Miroir aux alouettes (ibid.: 66).

Daraufhin kommt Annie ins Grübeln und erkennt an, dass Afrika nicht auf ihre Hilfe angewiesen sei:

> L'Afrique n'avait besoin ni de commisération, ni de condescendance, ni de pitié. Elle voulait juste qu'on la laisse vivre en paix, qu'on la laisse se retrouver, croître

et déployer ses ailes, loin du bruit des pierres que le temps érodera comme les temples de Chosroès le Grand. Son pouls, ses vapeurs et ses rêves continuerait à flotter là, quelque part dans les interstices (ibid.: 67).

Ihre Unterhaltung in den Straßen Fadiouths eröffnet eine andere, eine neue Ordnung, die von den gegenwärtigen Kräfteverhältnissen abweicht. Plötzlich gibt Annie ihre Entwicklungspläne auf und beschließt, «une aventure autrement plus excitante» (ibid.) gemeinsam mit Joé zu durchleben. Sie überlässt sich der Führung Joes, der ihr anbietet, ihr einige Orte, «des amis, musiciens, poètes, sculpteurs et même quelques sages du coin» (ibid.: 64) vorzustellen. An diesem Ort deutet sich eine Beziehung zwischen globalem Norden und globalem Süden an, die nichts mit dem besitzergreifenden Impetus des Okzidents gemein hat, der Afrika ausschließlich in den Begriffen von «*Progrès, Raison, Croissance* et *Ordre*» (Sarr 2016: 22) gedacht hat. Die heterotope Straße konstituiert so den Vorhof für eine heterogene Gesellschaft (cf. Tafazoli/Gray 2012: 17; 20-23; Klass 2020: 307).

Von besonderem Interesse ist in diesem Zusammenhang schließlich, dass die Abenteuer, die Joe und Annie erleben, selbst nicht erzählt werden. Dies mag in der Konzeption des Erzählbandes selbst begründet liegen, weil es sich um Kurzgeschichten handelt. Viel plausibler erscheint mir jedoch, dass die weiteren Begegnungen, die das gesponnene afrotopische Verhältnis zwischen globalem Norden und globalem Süden weiter realisieren, in dem der Okzident von der Zukunft Afrikas nicht ausgeschlossen, sondern geradezu mit in sie hineingenommen wird, nicht in der französischen Sprache erzählt werden können. Denn wenn die Sprache eine bestimmte Weltsicht transportiert, also das Produkt der okzidentalen Kosmologie ist, und die Afrotopie in den autonomen Diskursen Afrikas ausgemacht werden kann, bedeutet dies, dass diese letztlich nur im Kleid der afrikanischen Sprachen zu fassen ist (cf. Sarr 2016: 95; 106).

5 Fazit

Mit Bezug auf das eingangs zitierte Lied von den *Talking Heads* legt die Untersuchung offen, dass das afrikanische «nowhere», der afrikanische atopos bereits in der Literatur erzählerisch erzeugt wird. In der erzählten Straße in Fadiouth wird die Utopie als heterotoper Ort, der sich klar lokalisieren lässt, lesbar. In der Begegnung von Annie und Joe in der Erzählung *Annie chez les pauvres* wird dem Leser vor Augen geführt, wie Afrika sich seine Zukunft autonom aneignen kann. Es wird eine andere Zukunft geschildert, in der es gelingt, sich von der Hegemonie des Ökonomiediskurses als Produkt bzw. moderne Fassung des okzidentalen Wahrheitsspiels zu befreien. Afrika unterwirft sich nicht länger dem Entwicklungsmythos, der einen Kontinent konstituiert, der mit okzidentaler Hilfe entwickelt werden muss. Der Afrikaner Joe macht die dem Okzident entstammende Annie darauf aufmerksam, dass «Afrique n'a personne à rattraper» (Sarr 2016: 152). In der Begegnung wird so ein heterotoper Raum geformt, in dem das Verhältnis zwischen Norden und Süden neu gedacht wird. Der ehemalige Kolonialherr Frankreich hört Afrika zu, tritt einen Schritt zurück und überlässt Afrika die Gestaltung seiner Zukunft. [6] Annie darf dem wahren Afrika begegnen, sich von der Vitalität dieses Kontinents einnehmen lassen und den afrikanischen Kontinent auf diese Reise zu den eigenen Möglichkeiten begleiten.

---

[6] Ich danke den Herausgebern für den Hinweis auf die angedeutete erotische Dimension dieser Zukunft zwischen Joe und Annie.

Bibliographie

Bauer, Lydia. 2019. «Les rues, palimpsestes, lieux de rencontres et d'entrecroisements des cultures dans la littérature et le cinema [sic!] francophones». In: Gerstenberg, Annette; Pustka, Elissa (edd.): *Aufruf zur Einreichung von Vortragsvorschlägen für die Sektionen des 12. Kongresses des Frankoromanistenverbands*, 36-37. (https://frankoromanistentag.univie.ac.at/fileadmin/user_upload/k_frk/FRK_2020_Aufruf_zur_Einreichung_von_Vortragsvorschlaegen.pdf)

Defert, Daniel. 2005. «Raum zum Hören». In: Foucault, Michel: *Die Heterotopien. Der utopische Körper. Zwei Radiovorträge*. Frankfurt a.M.: Suhrkamp, 67-92.

Defert, Daniel; Ewald, François (edd.). 1994. *Michel Foucault. Dits et écrits. 1954-1988. I-IV*. Paris: Gallimard.

Döring, Tobias. 2015. «Postkoloniale Räume». In: Dünne, Jörg; Mahler, Andreas (edd.): *Handbuch Literatur und Raum*. Berlin: De Gruyter, 137-147.

Frank, Michael C. 2009. «Die Literaturwissenschaften und der *spatial turn*: Ansätze bei Jurij Lotman und Michael Bachtin». In: Hallet, Wolfgang; Neumann, Birgit (edd.): *Raum und Bewegung in der Literatur. Die Literaturwissenschaften und der Spatial Turn*. Bielefeld: transcript, 53-80.

Gros, Frédéric (ed.). 2015. *Michel Foucault. Œuvres. I-II*. Paris: Gallimard.

Günzel, Stephan. 22020. «Wahrheit». In: Kammler, Clemens; Parr, Rolf; Schneider, Ulrich Johannes (edd.): *Foucault-Handbuch. Leben – Werk – Wirkung* (2. aktualisierte und erweiterte Aufl.). Stuttgart: J.B. Metzler, 343-347.

Hallet, Wolfgang; Neumann, Birgit. 2009. «Raum und Bewegung in der Literatur. Zur Einführung». In: Dies. (edd.): *Raum und Bewegung in der Literatur. Die Literaturwissenschaften und der Spatial Turn*. Bielefeld: transcript, 11-32.

Klass, Tobias Nikolaus. 22020. «Heterotopie». In: Kammler, Clemens; Parr, Rolf; Schneider, Ulrich Johannes (edd.): *Foucault-Handbuch. Leben – Werk – Wirkung* (2., aktualisierte und erweiterte Aufl.). Stuttgart: J.B. Metzler, 306-307.

Neumann, Birgit. 2009. «Imaginative Geographien in kolonialer und postkolonialer Literatur: Raumkonzepte der (Post-)Kolonialismusforschung». In: Hallet, Wolfgang; Neumann, Birgit (edd.): *Raum und Bewegung in der Literatur. Die Literaturwissenschaften und der Spatial Turn*. Bielefeld: transcript, 115-138.

Sarr, Felwine. 2011. *105 Rue Carnot*. Montréal: Mémoire d'encrier.

-----. 2016. *Afrotopia*. Paris: Philippe Rey.

-----. 2017. «Rouvrir les futurs africains». In: Mbembe, Achille; Sarr, Felwine (edd.): *Les ateliers de la pensée. Politique des Temps. Imaginer les devenirs africains*. Paris: Dakar: Philipe Rey/Jimsaan, 175-187.

-----. 2018. *Habiter le monde. Essai de politique relationnelle*. Montréal: Mémoire d'encrier.

Tafazoli, Hamid; Gray, Richard T. 2012. «Einleitung: Heterotopien in Kultur und Gesellschaft». In: Dies. (edd.): *Außenraum – Mittenraum – Innenraum. Heterotopien in Kultur und Gesellschaft*. Bielefeld: Aisthesis, 7-33.

Warning, Rainer. 2015. «Utopie und Heterotopie». In: Dünne, Jörg; Mahler, Andreas (edd.): *Handbuch Literatur und Raum*. Berlin: De Gruyter, 178-187.

Malte Kneifel (Mainz)

Futur-Formen und ihre Funktionen im *Português Arcaico*

This article aims to trace the development of different verb forms that express future tense of Old Portuguese from the 13th to the 15th century by analyzing a historical text corpus. During this period, Portuguese future tense could be expressed through one synthetical as well as two analytical morphological verb constructions. Adapting an analytic model formerly employed by the Mexican researcher Concepción Company Company for an investigation of similar future tense forms in Old Spanish, this article seeks to point out that the use of the different verb forms in Portuguese followed distinct functions regarding aspects of both information structure as well as modality.

Keywords: *historical linguistics; Portuguese future tense; Old Portuguese; modality; information structure;*

1 Einleitung

Die früheste belegte Form der portugiesischen Sprache, das *Português Arcaico* (im Folgenden: PA), verfügte über vielfältige Möglichkeiten, durch Verbalformen Futurität, also Nachzeitigkeit auszudrücken. Es existierten synthetische Formen (*verei* 'ich werde sehen') sowie zwei Arten analytischer Formen: periphrastische Formen der festen Konstituentenfolge Auxiliar-Präposition-Infinitiv (*ham de seer* 'sie werden sein') und mesoklitische Formen, die ein zwischen der Wortwurzel und dem Flexionsmorphem eingeschlossenes direktes oder indirektes Objektpronomen aufweisen (*dar-vos-ei* 'ich werde euch geben'). Die Tatsache, dass diese Futur-Formen während der gesamten Periode des PA parallel verwendet wurden,[1] wirft die Frage auf, wie genau sie sich voneinander unterschieden, bzw. ob die unterschiedlichen Formen spezifische Funktionen erfüllten. Dieser Beitrag stellt eine Untersuchung vor, die dieser

---

[1] Sämtliche genannten Futur-Formen des PA existieren auch im gegenwärtigen Portugiesischen, jedoch werden diese nicht mehr parallel verwendet; insbesondere der Gebrauch mesoklitischer Formen ist selten und nur noch im europäischen Portugiesischen und daran orientierten Varietäten in Afrika und Asien de facto gebräuchlich (cf. Wesch 2008: 3199).

91

Frage nachgeht und in der die Hypothese vertreten wird, dass für die Verwendung der Futur-Formen vor allem Funktionen in den Bereichen Informationsstruktur und Modalität ausschlaggebend waren. Hierfür wurde ein umfangreiches Textkorpus auf Basis eines Forschungsdesigns untersucht, das sich an einer Analyse der mexikanischen Linguistin Concepción Company Company orientiert, welche in ihrem Beitrag «Los futuros en el español medieval: sus orígenes y su evolución» (1986) unter einer ähnlichen Fragestellung Futur-Formen im Altspanischen untersucht.

In diesem Beitrag soll zunächst das PA genauer charakterisiert werden. Hierfür wird die Sprachstufe periodisch eingeordnet und zentrale Entwicklungslinien des Tempus Futur werden nachgezeichnet. Im Anschluss werden sowohl die Methodik Company Companys als auch das darauf basierende Forschungsdesign, die Zusammensetzung des Untersuchungs-korpus und das Analysevorgehen erläutert. Auf dieser Grundlage werden die Ergebnisse der Analyse präsentiert und eine zusammenfassende Interpretation hinsichtlich der Funktionen der Futur-Formen im PA vorgenommen, welche dann mit den Ergebnissen Company Companys zum Altspanischen in Beziehung gesetzt wird.

Die Untersuchung soll dazu beitragen, Sprachwandel auf einer essenziellen Ebene der portugiesischen Sprache nachzuvollziehen. Spezifisch perspektiviert wird dabei der Wandel des Zusammenhangs von Tempusformen, Informationsstruktur und Modalität.

2   Zum Forschungsgegenstand

2.1   Zur Periodisierung des *Português Arcaico*

Über die exakte Periodisierung des PA herrscht nach aktuellem Forschungsstand keine Einigkeit. Ältere Ansätze fixieren die Sprachstufe zeitlich zwischen dem Ende des 12. und dem 16. Jahrhundert (cf. Williams 1938: 13-17; Coutinho 1958: 70-73), während Teyssier die Sprachstufe eines «galego-português» zwischen dem Beginn des 12. Jahrhunderts und dem Jahr

1350 attestiert (cf. 1984: 6, 20, 31). Dieses Jahr wird auch in neueren Ansätzen aufgegriffen und etwa bei Castro zur Identifizierung eines «português médio» als Zwischenstufe zwischen dem PA und dem modernen Portugiesischen gebraucht (cf. 2006: 84). Andere neuere Ansätze wie bei Silva ordnen das PA dagegen eher pragmatisch zwischen dem 13. und dem 15. Jahrhundert ein (cf. 2006: 15, 19). Problematisch für die genaue zeitliche Einordnung des PA ist der häufige Rückgriff auf außersprachliche Faktoren als Grundlage der Periodisierung, beispielsweise Regentschaftszeiten von Monarchen oder literarische Epochen, anstelle rein sprachlicher Anhaltspunkte in sprachhistorischen Quellen (cf. Messner 1994: 618-620; Castro 2006: 84). Beispielsweise lässt sich die mitunter vorgenommene Zäsur im Jahr 1350 eher mit der politischen Trennung der Königreiche Galicien und Portugal in Verbindung bringen als mit einer tatsächlichen substanziellen Veränderung der Sprache (cf. Nunes 2003: 49-50), wenngleich eine solche Trennung aufgrund der geographischen Verlagerung politischer, wirtschaftlicher und kultureller Machtzentren durchaus sprachliche Konsequenzen bewirken kann. Für die Zusammenstellung des Untersuchungskorpus wurde der Zeitraum des PA dem pragmatischen Ansatz von Silva (2006) folgend vom Beginn des 13. bis zum Ende des 15. Jahrhunderts fixiert.

2.2 Zur Entwicklung des Futurs im *Português Arcaico*

Die diversen Futur-Formen des PA sind das Resultat der morphologischen Weiterentwicklung von Formen aus dem Vulgärlateinischen. Aus diesem Grund finden sich auch in den anderen modernen romanischen Sprachen und ihren historischen Sprachstufen je unterschiedliche Verbalformen zum Ausdruck dieses Tempus wieder. Nach gängiger Forschungsmeinung fanden die synthetischen Futur-Formen des klassischen Lateins keine Anwendung in der vulgärlateinischen Volkssprache, sondern wurden durch periphrastische Konstruktionen ersetzt. Huber identifiziert diese Entwicklung bereits 1933 und begründet sie durch eine mangelnde Expressivität der synthetischen Formen bzw. durch ihre Inkompatibilität mit der «volkstümliche[n] Denkweise» (1933: 204), was sich jedoch nicht faktisch belegen lässt. Differenzierter äußert sich

93

Lausberg, der die mangelnde Praktikabilität der synthetischen Formen des klassischen Lateins im Vulgärlatein auch phonologisch und morphologisch begründet sowie die Verwendung periphrastischer Formen sprachökonomisch erklärt. Die Futur-Formen des PA – sowie der romanischen Sprachen insgesamt – sind demnach auf periphrastische Konstruktionen aus Auxiliaren wie *velle* ('wollen'), *debere* ('müssen'), *venire* ('kommen') oder, wie im Fall des Portugiesischen, *habere* ('haben') und Infinitiv zurückzuführen (cf. Lausberg 1966: 310-312). Dabei ist zwar festzuhalten, dass sich aus dieser analytischen Form in den romanischen Sprachen recht früh erneut eine synthetische Futur-Form entwickelte (vulgärlat.: *cantare habeo* – PA: *cantar hei* – pt.: *cantarei*, 'ich werde singen'). Aktuellere Forschungsmeinungen bestätigen diesen Ansatz, zeigen jedoch auch auf, dass die Wahrnehmung der gegenwärtig synthetischen Formen in älteren Sprachstufen durch die Sprecher durchaus noch als analytisch wahrgenommen wurde, wofür morphologische und syntaktische Auffälligkeiten in der Verwendung der Formen in zeitgenössischen Quellen sprechen (cf. Wesch 2008: 3199; Iliescu 2008: 3274-3275; Nunes 2003: 52-53). Massini-Cagliari liefert zusätzlich prosodische Belege (cf. 2006: 97, 100-101).

Konkret lassen sich in den Ausführungen der Autor*innen drei Arten analytischer Futur-Formen identifizieren, die neben der synthetischen Form genannt werden: eine sehr lose Kombination aus Infinitiv und dem Auxiliar *haver* ('haben') (cf. Huber 1933: 205), periphrastische Konstruktionen mit Präpositionen wie *de* oder *a* (cf. id.; Lausberg 1966: 313; Nunes 2003: 52) sowie mesoklitische Formen (cf. Wesch 2008: 3199).

Obwohl die Ausführungen der genannten Autor*innen die Vielfalt an Futur-Formen in älteren romanischen Sprachstufen, darunter dem PA, bestätigen, fehlen Aussagen dazu, ob und inwiefern jede einzelne von ihnen spezifische Funktionen erfüllten. Die Entwicklung der Futur-Formen im Portugiesischen legt jedoch eine solche Sachlage nahe. Lediglich Frade liefert einen diesbezüglichen Beitrag, in dem sie den Gebrauch synthetischer und periphrastischer Futur-Formen in einer Übersetzung von Ciceros *De Officiis* aus dem Lateinischen ins PA analysiert, die zwischen 1433 und 1438 entstanden ist (cf. 2011: 45). Dabei kommt sie zu dem Ergebnis, dass vor allem synthetische Formen zum Ausdruck von Modalität verwendet werden (cf. ibid.: 51-52, 56). Allerdings sind diese Futur-Formen Teil einer Übersetzung eines lateinischen

Ausgangstexts; die Charakterisierung der Funktion der portugiesischen Futur-Formen durch Frade kann entsprechend nicht ohne Weiteres auf einen einsprachig portugiesischen Kontext übertragen werden. Auch die Tatsache, dass lediglich ein einzelner Text analysiert wurde, der überdies in einer späten Periode des PA entstanden ist, macht eine Verallgemeinerung ihrer Ergebnisse unmöglich. Es ist daher festzuhalten, dass für die vorliegende Untersuchung auf keine umfassenden Forschungen zur Funktion der Futur-Formen des PA zurückgegriffen werden kann.

3   Methodik

3.1   Zum Forschungsdesign bei Company Company (1986)

In ihrem Beitrag «Los futuros en el español medieval» verfolgt Company Company das Ziel, den Stellenwert unterschiedlicher Futur-Formen in der Grammatik des Spanischen zwischen dem 12. und 15. Jahrhundert zu rekonstruieren und zu beweisen, dass sie nicht äquivalent gebraucht wurden. Dabei unterscheidet sie zwischen synthetischen Futur-Formen des Typs *cantaré* sowie analytischen Futur-Formen des Typs *cantar lo hé* (cf. 1986: 48-49).[2] Zudem versucht sie zu erklären, weshalb die analytischen Futur-Formen im Spanischen ab dem 16. Jahrhundert außer Gebrauch gerieten; ein Phänomen, das sich für die Formen im Portugiesischen nicht beobachten lässt. Hierfür analysiert sie ein Korpus aus je 30.000 Tokens aus acht Texten, die dem Zeitraum vom beginnenden 10. Jahrhundert bis zum Jahr 1499 zuzuordnen sind. Als Analysekategorien führt sie syntaktische, semantische, suprasegmentale sowie morphologische Merkmale der im Korpus auftretenden Futur-Formen auf (cf. ibid.: 48-49).

Die Analyse ergibt auf syntaktischer Ebene, dass analytische Futur-Formen nur in Sätzen mit nicht mehr als zwei vorhergehenden Konstituenten und fast immer in der markierten Wortstellung Verb-Subjekt-Objekt auftreten;

---

2   Die Autorin berücksichtigt außerdem Konditionalformen, die jedoch nicht Bestandteil der vorliegenden Analyse sind.

diese Beobachtung ist über den Zeitraum der betrachteten Daten konstant (cf. ibid.: 86-87, 92). Hieraus schließt die Autorin, dass die zentrale Funktion analytischer Futur-Formen im Altspanischen die syntaktische Markierung von Topikalisierungen ist. Ihre Funktion ist damit im Bereich der Informationsstruktur zu verorten. Jedoch wären Topikalisierungen – wenngleich dann nicht syntaktisch markiert – auch in Verbindung mit synthetischen Futur-Formen möglich. Da diese wesentlich weniger syntaktischen Beschränkungen unterliegen als die analytischen Formen, sind sie laut Company Company für die Textproduktion produktiver. Das sieht die Autorin als Grund dafür an, dass die synthetischen Futur-Formen ab dem 16. Jahrhundert die hochspezialisierten analytischen Formen im Gebrauch ablösten (cf. ibid.: 92-94). Ein signifikanter modalsemantischer Unterschied zwischen synthetischen und analytischen Futur-Formen des Altspanischen besteht laut Company Company währenddessen nicht: Zwar sei die Modalität bei den analytischen Futur-Formen ausgeprägter, sie könne aber gleichermaßen durch beide Formen ausgedrückt werden (cf. ibid.: 100-102).

3.2 Adaption des Forschungsdesigns

Für die Untersuchung des PA wurde das Vorgehen Company Companys hinsichtlich des aktuellen Forschungsstands sowie des Analysegegenstands adaptiert. Zunächst wurde das der Analyse zugrundeliegende Korpus entsprechend der Periodisierung des PA zwischen dem 13. und dem 15. Jahrhundert chronologisch fixiert und im Vergleich zu Company Company (1986) stark erweitert: Das Korpus umfasst 96 Texte mit einer Gesamtzahl von 4.353.076 Tokens, davon stammen 22 aus dem 13. Jahrhundert (550.968 Tokens), 19 aus dem 14. Jahrhundert (1.316.268 Tokens) und 55 aus dem 15. Jahrhundert (2.485.840 Tokens). Die Texte sind sämtlich dem *Corpus do Português* (Davies/Ferreira 2006) entnommen. Für die Analyse wurden drei Typen von Futur-Formen berücksichtigt, die für das PA attestiert und in Kapitel 2.2 sowie in der Einleitung benannt wurden: synthetische Formen sowie analytische, genauer periphrastische und mesoklitische Formen.[3] Die Analyse wurde jeweils für die Texte eines Jahrhunderts gebündelt durchgeführt. Dabei wurden grundsätzlich sämtliche Futur-Formen erfasst und analysiert. Lediglich bei sehr großen Datenmengen wurden Stichproben entnommen. Dies betrifft zum einen die synthetischen Futur-Formen des 14. und 15. Jahrhunderts, von denen je 11,14% bzw. 6,73% der Okkurrenzen analysiert wurden, sowie zum anderen die periphrastischen Formen des 15. Jahrhunderts, wo mit 49,39% etwa die Hälfte aller Okkurrenzen für die Analyse berücksichtigt wurden.[4]

Es wurde primär eine Analyse der Syntax sowie hinsichtlich der Informationsstruktur der Sätze, in denen die Futur-Formen auftreten, durchgeführt. Diese berücksichtigte die Stellung der syntaktischen Funktionen Subjekt, Verb und direktes Objekt[5] im Satz im Zusammenhang mit den informationsstrukturellen Kategorien der Topikalisierung sowie zusätzlich der Fokalisierung.[6] Ergänzend wurde zudem die Modalität der jeweiligen Futur-Formen analysiert, wobei zwischen epistemischer und deontischer Modalität unterschieden wurde.[7]

---

[3] Die von Huber (1933) genannten «losen» Futur-Formen werden in der Analyse nicht berücksichtigt. Das *Corpus do Português* enthält lediglich acht Okkurrenzen, die diesen Formen entsprechen könnten, wobei allerdings nicht mit Sicherheit ausgeschlossen werden kann, dass es sich lediglich um grafische Variationen synthetischer Formen handelt.

[4] Die Größe der Stichproben in absoluten Zahlen kann Tabelle 2 entnommen werden.

[5] In der vorliegenden Analyse wurde keine Unterscheidung zwischen pronominalen und nicht-pronominalen Objekten vorgenommen. Diese kann sicherlich für weiterführende Analysen interessant sein, insbesondere solche, die stärker an der Markiertheit von Wortstellungen orientiert sind.

[6] Die Einführung dieser zusätzlichen Kategorie ist durch den Zusammenhang zwischen den Begriffspaaren *Topik* und *Kommentar* sowie *Fokus* und *Hintergrund* begründet, die in Krifkas Ausführungen zu informationsstrukturellen Grundbegriffen ersichtlich werden (cf. 2006: 31-32).

[7] An dieser Stelle sei ergänzend angemerkt, dass Company Company in ihrer Analyse zwar festhält, dass Futur-Formen verschiedene Arten von Modalität ausdrücken können, diesen Umstand jedoch in der Analyse nicht berücksichtigt und lediglich zwischen einem «valor modal» und «valor temporal» (1986: 101) der Futur-Formen unterscheidet. Die vorliegende Analyse soll diesen Aspekt daher durch die vorgenommene Unterscheidung differenzierter beleuchten.

4   Ergebnisse der Analyse

Im Folgenden sollen die Ergebnisse der syntaktisch-informationsstrukturellen sowie der modalsemantischen Analyse vorgestellt und diskutiert werden. Die Darstellung der Analyseergebnisse erfolgt für jede der drei Arten von Futur-Formen einzeln. Dabei wird jeweils vom ersten bis zum letzten Jahrhundert des Analysezeitraums vorgegangen. Tabelle 1 zeigt im Vorfeld den Anteil der Futur-Formen an der Gesamtanzahl aller Korpus-Tokens pro Jahrhundert:

Jahrhundert	Tokens insgesamt	Futur-Formen insgesamt	Anteil in %
13. Jh.	550.968	1.401	0,25%
14. Jh.	1.316.268	2.845	0,22%
15. Jh.	2.458.840	7.420	0,30%

Tab. 1: Übersicht über den Anteil aller Futur-Formen am Untersuchungskorpus

Tabelle 2 gibt nun einen Überblick darüber, wie sich die Gesamtzahl aller Okkurrenzen von Futur-Formen aus den synthetischen, periphrastischen und mesoklitischen Formen zusammensetzt. Zudem gibt die Tabelle die absolute Größe der in drei Fällen für die Analyse entnommen Stichproben an.

Jahr-hundert	Futur-Formen insgesamt	synthetisch		analytisch			
				periphrastisch		mesoklitisch	
		Anzahl	Anteil in %	Anzahl	Anteil in %	Anzahl	Anteil in %
13. Jh.	1.401	1.172	83,65%	61	4,35%	168	12%
14. Jh.	2.835	2.388	84,23%	316	11,15%	131	4,62%
Stichprobe		266					
15. Jh.	7.420	6.585	88,75%	658	8,87%	177	2,38%
Stichprobe		443		325			

Tab. 2: Übersicht über die analysierten Futur-Formen im Untersuchungskorpus

4.1 Synthetische Futur-Formen

Die synthetischen Futur-Formen sind in jedem Jahrhundert die mit Abstand zahlreichsten. Sie sind syntaktisch äußerst variabel und treten in nahezu allen Wortstellungen auf, die das PA zulässt, wobei die syntaktische Variation im späteren Verlauf des Analysezeitraums geringer wird.[8] Tabelle 3 verdeutlicht diese Beobachtung:

Wort-stellung	13. Jahrhundert		14. Jahrhundert		15. Jahrhundert	
	Okkurrenzen	%	Okkurrenzen	%	Okkurrenzen	%
S-V-O	71	6,06%	18	6,77%	43	9,71%
S-O-V	25	2,13%	32	12,03%	23	5,19%
V-O-S	1	0,09%	0		0	
V-S-O	24	2,05%	6	2,26%	3	0,90%
O-S-V	24	2,05%	5	1,88%	1	0,23%
O-V-S	25	2,13%	8	3,01%	1	0,23%
S-V	38	3,24%	14	5,26%	44	9,71%
V-S	21	1,79%	7	2,63%	27	6,09%
S_0-V-O	364	31,06%	91	34,21%	143	32,28%
O-S_0-V	379	32,34%	47	17,67%	52	11,74%
S_0-V	200	17,06%	38	14,29%	106	23,93%

Tab. 3: Wortstellungen in Verbindung mit synthetischen Futur-Formen

Auch hinsichtlich informationsstruktureller Funktionen sind die Formen variabel und treten in jedem Jahrhundert sowohl im Zusammenhang mit Topikalisierungen als auch mit Fokalisierungen auf. Wichtig ist hierbei jedoch zu bemerken, dass die synthetischen Futur-Formen selbst keine signifikante informationsstrukturelle Funktion zu erfüllen scheinen, sondern diese durch

---

[8] Die verhältnismäßig starke syntaktische Variation im 13. Jahrhundert ist allerdings darauf zurückzuführen, dass das Korpus in diesem Zeitraum vor allem aus galicisch-portugiesischen *cantigas* und somit lyrischen Texten besteht. Der hier verzeichneten Variation ist deshalb eine eher geringe Bedeutung beizumessen, was auch dadurch bestätigt wird, dass die synthetischen Futur-Formen sich im 14. und 15. Jahrhundert in ähnlichen, hauptsächlich unmarkierten Wortstellungen wie z.B. $S_{(0)}$-V-O zu konzentrieren scheinen.

die Wortstellung im Satz an sich erwirkt wird. So lassen sich Topikalisierungen vor allem in der markierten syntaktischen Struktur O-S$_{(O)}$-V beobachten:

(1)   Porque [a donzela]$_T$ nunca *verei*, meus amigos, enquanto eu já viver
        ('Denn die Dame werde ich niemals sehen, meine Freunde, während
        ich noch lebe', *Cantigas de Escárnio e Maldizer*, 13. Jh.)

(2)   E [esto]$_T$ *comprirei* cõ a mercee de Deus.
        ('Und das werde ich erfüllen mit der Gnade Gottes', *Crónica Geral de
        Espanha*, 14. Jh.)

(3)   [Nossos filhos & filhas]$_T$ *casaremos* daquy fora por começarë suas vidas
        ellem da serra.
        ('Unsere Söhne und Töchter werden wir nach fern verheiraten, damit
        sie ihre Leben außerhalb der Berge beginnen', *Crónica do Conde D. Pedro
        de Meneses*, 15. Jh.)

Für Fokalisierungen gilt dies hingegen bei Wortstellungen wie O-V-S oder V-S-O:

(4)   Non temas ren, ca eu te *porrei* en salvo, / e esto *verás* [tu]$_F$ ben, [...]
        ('Fürchte nichts, denn ich werde dich in Sicherheit bringen, und das
        wirst du wohl sehen [...]', *Cantigas de Santa Maria*, 13. Jh.)

(5)   Tu es Pedro e sobre esta pedra *fundarey* [eu]$_F$ a mynha Igreja
        ('Du bist Petrus und auf diesem Felsen werde ich meine Kirche
        gründen', *Crónica Geral de Espanha*, 14. Jh.)

(6)   Como *ouvirey* [eu]$_F$ a tamanha emmiga pelo amigo?
        ('Wie soll ich so große Feindschaft vom Freund hören?', *Crónica da
        Ordem dos Frades Menores*, 15. Jh.)

Gerade diese Insignifikanz bezüglich informationsstruktureller Funktionen ermöglicht jedoch einen vielfältigen Einsatz der synthetischen Futur-Formen und bestätigt damit ihre syntaktische Variabilität. Ähnlich verhalten sie sich hinsichtlich des Ausdrucks von Modalität. Auch diese wird weniger durch die Verwendung synthetischer Futur-Formen bestimmt als vielmehr durch den inhaltlichen Kontext der entsprechenden Äußerungen bzw. durch die Textsorten, in denen sie zu verzeichnen sind. Die Beispiele (7) – (9) weisen eine epistemische Modalität auf, wobei (8) aus einer Chronik und (9) aus einem theologischen Traktat stammen:

(7)   Ca *morrerei* e tal tempo *verrá* que mia senhor fremosa *morrerá*; entom a
verei
('Denn ich werde sterben, und es wird die Zeit kommen, in der meine
schöne Herrin sterben wird, und dann werde ich sie sehen', *Cantigas de
Escárnio e Maldizer*, 13 Jh.)

(8)   Ou ho *vëceremos*, ou todos *prenderemos* morte
('Entweder werden wir ihn besiegen, oder wir werden alle den Tod
erlangen', *Crónica Geral de Espanha*, 14. Jh.)

(9)   E *suçitarey* jeeraçom justa de David e *reinará* rey e *sera* sabedor e *fara* juízo
e justiça em na tera.
('Und ich werde eine gerechte Nachkommenschaft Davids erwecken,
und sie wird als König regieren und sie wird weise sein und sie wird
Urteil und Gerechtigkeit auf der Erde schaffen', *Corte Enperial*, 15. Jh.)

Demgegenüber ist in den Beispielen (10) – (12) eine deutlich deontische Modalität erkennbar, wobei (11) einem legislativen Text und (12) einem Kochrezeptbuch entnommen ist:

(10)   Mannãa mia missa *dirás* com devoçon, e *cobrarás* teu lum'
('Morgen sollst du meine Messe mit Hingabe sprechen, und du sollst
dein Licht verdecken', *Cantigas de Santa Maria*, 13. Jh.)

(11)   E da carne e do pescado *dará* todos o que manda na carta do foro
('Und vom Fleisch und vom Fisch sollen alle das geben, was in der *Carta
do Foro* verlangt wird', *Posturas do concelho de Lisboa*, 14. Jh.)

(12)   *Tomarão* quatro ovos & acuquar & farjnha que *sera* cimquo colheres de
prata ë huûa escudela
('Sie sollen vier Eier nehmen, und Zucker und Mehl, was fünf
Silberlöffel und ein Napf sein sollen', *Tratado de cozinha portuguesa*, 15.
Jh.)

Es kann zusammenfassend festgestellt werden, dass die Variabilität der synthetischen Futur-Formen des PA hinsichtlich informationsstruktureller Funktionen und des Ausdrucks von Modalität gerade daher rührt, dass sie für diese Funktionen nicht entscheidend sind und gleichzeitig nicht obstruierend auf sie wirken. Dieser Sachverhalt erklärt dementsprechend die häufige Verwendung synthetischer Futur-Formen in Texten innerhalb der gesamten Periode des PA.

4.2 Periphrastische Futur-Formen

Bezüglich der Okkurrenz periphrastischer Futur-Formen ist ein Anstieg von zunächst vergleichsweise wenigen (61) Okkurrenzen im 13. Jahrhundert hin zu 658 Okkurrenzen im 15. Jahrhundert zu verzeichnen. Dies stellt eine Verdopplung des Anteils dar, den die periphrastischen Formen hinsichtlich der Gesamtzahl aller Futur-Formen pro Jahrhundert ausmachen (cf. Tab. 2). Tabelle 4 zeigt die absoluten Zahlen der Okkurrenzen in den möglichen Wortstellungen:

Wort-stellung	13 Jahrhundert		14. Jahrhundert		15. Jahrhundert	
	Okkurrenzen	%	Okkurrenzen	%	Okkurrenzen	%
S-V-O	7	11,48%	40	12,66%	28	8,64%
S-O-V	1	1,64%	1	0,32%	2	0,62%
V-O-S	0		0		0	
V-S-O	1	1,64%	0		1	0,31%
O-S-V	1	1,64%	3	0,95%	4	0,93%
O-V-S	1	1,64%	2	0,63%	1	0,31%
S-V	3	4,92%	20	6,33%	35	10,59%
V-S	0		13	4,11%	15	4,36%
S_0-V-O	21	34,43%	93	29,43%	51	15,74%
O-S_0-V	14	22,95%	51	16,14%	31	9,57%
S_0-V	12	19,67%	93	29,43%	157	48,46%

Tab. 4: Wortstellungen in Verbindung mit periphrastischen Futur-Formen

Periphrastische Futur-Formen treten sowohl mit der Präposition *de* als auch *a* zwischen dem Auxiliar und dem Infinitiv auf, wobei *de* öfter zu verzeichnen ist; allerdings konnte kein funktionaler Unterschied zwischen den beiden Erscheinungsformen festgestellt werden, weshalb in der Analyse nicht zwischen ihnen differenziert wird. Hinsichtlich syntaktischer Strukturen fällt auf, dass die Formen weniger variabel eingesetzt werden und hauptsächlich in der unmarkierten Wortstellung $S_{(0)}$-V-O bzw. $S_{(0)}$-V sowie in der markierten Struktur O-$S_{(0)}$-V auftreten. Dies erklärt sich zum Teil durch das relativ häufige Vorkommen periphrastischer Futur-Formen in Relativsätzen:

(13)   E esto mandamos dos alcaydes que *an de juygar* todos os preytos.
       ('Und das befehlen wir über die Richter, die alle Rechtsstreits richten',
       Afonso X, Foro Real, 14. Jh.)

(14)   Senhor irmaão, a mim semelha que todallas cousas vós *avees de leixar*
       esqueecer por todavia seer na batalha com vosso senhor elrrei
       ('Herr Bruder, mir scheint, dass Ihr alle Dinge vergessen lassen müsst,
       da Ihr noch immer mit Eurem Herrn, dem König, in der Schlacht seid',
       Crónica de D. Fernando 15. Jh.)

Ähnlich wie im Fall der synthetischen Futur-Formen können auch die periphrastischen Formen sowohl in Verbindung mit Topikalisierungen als auch
Fokalisierungen auftreten, erneut scheinen sie jedoch nicht ausschlaggebend
für diese informationsstrukturellen Funktionen zu sein. Stattdessen sind diese
abermals auf die Wortstellung selbst zurückzuführen:

(15)   [...] e [mais viços' home de comer bem]$_T$ nom vistes nem *havedes de veer.*
       ('Und einen üppigeren Schlemmer habt ihr nicht gesehen, noch werdet
       ihr je einen sehen', *Cantigas de Escárnio e Maldizer,* 13. Jh.)

(16)   Queremos aqui dizer dos escriuããës que [as cartas]$_F$ *am de fazer.*
       ('Wir wollen hier von den Schreibern sprechen, die die Briefe erstellen',
       Terceyra Partida, 14. Jh.)

(17)   [O bezerro]$_T$ que *ham de matar,* correndo liuremëte pera a morte, husa
       desenfreadamëte dos deleitos
       ('Das Kalb, das sie töten werden, das freiwillig in den Tod läuft, erfreut
       sich in freiem Lauf am Vergnügen', *Orto do Esposo,* 15. Jh.)

Die periphrastischen Futur-Formen drücken meist eine deutlich deontische
Modalität aus, konkret eine dem Sprechzeitpunkt chronologisch nachgeordnete
Obligation, Verpflichtung oder Erwartungshaltung. Dies wird besonders
deutlich in Beispiel (16), das überdies aus einem legislativen Text stammt. In
dieser Textsorte sind periphrastische Futur-Formen im Rahmen der Analyse
verstärkt zu beobachten. Die Markiertheit der periphrastischen Formen wird
außerdem dadurch deutlich, dass sie in Konkurrenz zu synthetischen Futur-
Formen verwendet werden, obwohl diese ebenfalls in den jeweiligen – sowohl
syntaktischen als auch inhaltlichen – Kontexten eingesetzt werden könnten.

Ab dem 15. Jahrhundert weisen periphrastische Formen auch vermehrt
eine epistemische Modalität auf (61 Formen der Stichprobe bzw. 19%):

(18) E tu, Senhor de alegria espiritual, oo Senhor, quantos *ham de seer* os dias da minha vida?
('Und du, Herr der geistlichen Freude, wie viele werden die Tage meines Lebens sein?', *Boosco Deleitoso* 15. Jh.)

(19) [...] em este lugar do evangelho, defende havermos aficado pensamento das cousas que *ham de vinir* alem de uu ano.
('An dieser Stelle des Evangeliums steht, dass wir am Gedanken an die Dinge festhielten, die in einem Jahr kommen werden', *Livro de vita Christi*, 15. Jh.)

Ob es sich dabei um einen Wandel oder eine Ausweitung der Bedeutung der Formen handelt, lässt sich jedoch nicht nachweisen; die Entwicklung könnte erneut darauf zurückzuführen sein, dass für den späteren Analysezeitraum eine größere und vielfältigere Textmenge vorliegt (cf. Tab. 2 sowie Fn. 8).

Es lässt sich somit zusammenfassen, dass die primäre Funktion der periphrastischen Futur-Formen nicht im Bereich der Informationsstruktur liegt, sondern ihr wichtigstes Charakteristikum die Markierung deontischer Modalität ist. In diesem Zusammenhang kann zusätzlich die Ansicht vertreten werden, dass die Formen nicht mehr in jedem Fall zum expliziten Ausdruck von Nachzeitigkeit, sondern einer im weitesten Sinne zeitunabhängigen Verpflichtung dienen. Dies zeigt sich insbesondere anhand ihrer Verwendung in legislativen bzw. rechtsetzenden Texten (cf. (13), (16)). Die grundsätzlich temporale Funktion dieser Futur-Formen ist dennoch nicht von der Hand zu weisen.

4.3 Mesoklitische Futur-Formen

Die mesoklitischen Futur-Formen sind zu Beginn des Analysezeitraums noch relativ zahlreich vertreten, in Relation zu den anderen Formen geht ihre Verwendung bis zum 15. Jahrhundert jedoch deutlich zurück. So bleibt die absolute Anzahl der Okkurrenzen vom 13. bis zum 15. Jahrhundert trotz zunehmender Text- und damit Datenmenge relativ konstant (cf. Tab. 2). Die Formen treten zudem nur in wenigen Wortstellungen auf, vor allem in den unmarkierten Folgen $S_{(0)}$-V-O bzw. $S_{(0)}$-V, und zeigen sich somit syntaktisch beschränkt, wie in Tabelle 5 ersichtlich wird:

Wort-stellung	13 Jahrhundert		14. Jahrhundert		15. Jahrhundert	
	Okkurrenzen	%	Okkurrenzen	%	Okkurrenzen	%
S-V-O	14	8,33%	10	7,58%	8	4,52%
S-O-V	0		0		0	
V-O-S	0		0		6	3,39%
V-S-O	1	0,60%	0		1	0,56%
O-S-V	0		0		0	
O-V-S	5	2,98%	0		1	0,56%
S-V	7	4,17%	1	0,76%	2	1,13%
V-S	1	0,60%	0		15	8,47%
S_0-V-O	128	76,19%	108	81,82%	118	66,67%
O-S_0-V	4	2,38%	0		0	
S_0-V	8	4,76%	12	9,09%	26	14,69%

Tab. 5: Wortstellungen in Verbindung mit mesoklitischen Futur-Formen

An dieser Stelle sei erneut darauf hingewiesen, dass lediglich direkte Objekte bei der Analyse der Wortstellung berücksichtigt werden. Jede mesoklitische Futur-Form verfügt aufgrund ihrer inhärenten Struktur über ein Objekt in Form des klitischen Pronomens, welches jedoch sowohl direkt als auch indirekt sein kann. Als Objekt gelten somit entweder direkte Pronomen innerhalb der Futur-Form (z.B. in *cantar-lo-ei*) oder Objekte im entsprechenden Satz, auf das sich eine Futur-Form mit mesoklitischem indirekten Objekt bezieht (z.B. in *cantar-lhe-ei a canção*). In beiden Fällen wird das Objekt in der Wortstellung als postverbal aufgefasst. Unter dieser Prämisse ist festzustellen, dass mesoklitische Futur-Formen nahezu ausschließlich in der unmarkierten Wortstellung $S_{(0)}$-V-O auftreten und diese Eigenschaft über den Analysezeitraum hinweg konstant bleibt.

Weiterhin ist zu verzeichnen, dass die mesoklitischen Formen ausschließlich in Hauptsätzen auftreten und in diesen meist satzinitial. In keinem Fall weisen sie jedoch mehr als zwei vorangestellte Konstituenten auf. Ihr Einsatz ist somit syntaktisch beschränkt, was insbesondere dann auffällt, wenn sie gemeinsam mit anderen Futur-Formen auftreten, die diesen Beschränkungen dann nicht unterworfen sind:

(20)   Se ben queres servir-me, primeiro *amar-m-ás* muit' ena voontade, outrossi *onrrar-m-ás*, e sobre tod' aquesto sempre me *loarás*, [...] ('Wenn du mir gut dienen willst, sollst du mich zunächst sehr und wahrhaftig lieben, außerdem sollst du mich ehren, und vor alledem sollst du mich immer loben', *Cantigas de Santa Maria*, 13. Jh.)

Die syntaktische Beschränkung der mesoklitischen Futur-Formen im PA begünstigt, dass durch ihren Einsatz Topikalisierungen markiert werden. Dieser Zusammenhang wird durch die syntaktisch-informationsstrukturelle Analyse der Formen sehr deutlich bestätigt: In jeder Okkurrenz greift das mesoklitische Pronomen eine topikalisierte Einheit im vorhergehenden Satz wieder auf. Der Abstand zwischen dem Topik und der Futur-Form ist dabei variabel:

(21)   [Comendador]ᴛ, dade-mi mia molher, e *dar-vos-ei* eu outra d'Alanquer. ('Kommandant, gebt mir meine Frau, und ich werde euch eine andere von woanders her geben', *Cantigas de Escário e Maldizer*, 13. Jh.)

(22)   Tomame por molher e [eu]ᴛ leyxarey os ydollos e *aprenderme hey* ao teu deus. ('Nimm mich zur Frau und ich werde von den Götzen ablassen und mich deinem Gott hingeben', *Barlaam e Josephat*, 14. Jh.)

(23)   E depois que me isto deres, hirás sellar [o meu cavallo]ᴛ e *trazer-m'o-ás* alli prestes, [...] ('Und nachdem du mir das gegeben hast, sollst du mein Pferd satteln und du sollst es mir hierher bringen [...]', *Crónica de D. Fernando*, 15 Jh.)

Das Beispiel (22) verdeutlicht den Zusammenhang zwischen der mesoklitischen Futur-Form und der Topikalisierung insbesondere, da sie neben einer synthetischen Futur-Form verwendet wird, die näher am Topik steht. Die mesoklitische Form *aprenderme hey* dient zum Wiederaufgreifen des Topiks *eu* und markiert damit die Topikalisierung.

Eine auffällige Verbindung zwischen mesoklitischen Futur-Formen und Fokalisierungen ist indes nicht zu beobachten. Auch aus modalsemantischer Perspektive sind die mesoklitischen Formen unauffällig, es finden sich Okkurrenzen sowohl mit epistemischer (cf. (24)-(25)) als auch deontischer Modalität (cf. (26)-(27)), die wiederum durch den inhaltlichen Kontext bzw. die Textsorte bedingt scheint, in der die Äußerung verortet wird:

(24) E tu fas-lo assi, e *aver-m-ás* sempre por servidor.
('Und du, mach es so, und du wirst mich immer zum Diener haben',
Cantigas de Santa Maria, 13. Jh.)

(25) E, daqui ataa terceiro dia, *vencellos ás* todos, ca assy praz a Deus.
('Und von jetzt bis zum dritten Tag wirst du sie alle besiegen, denn so
gefällt es Gott', *Crónica Geral de Espanha*, 14. Jh.)

(26) Et *dar nos edes* tres almudes de castanas secas [...] ('Und ihr sollt uns drei
almudes trockener Kastanien geben', *Textos Notariais. História do galego-
português*, 14. Jh.)

(27) O que pedirem a meu padre, *seer-lhes-há* outorguado. ('Was sie von
meinem Vater erbitten, soll ihnen gewährt werden', *Castelo Perigoso*, 15.
Jh.)

Vor diesem Hintergrund kann die Markierung von Topikalisierungen als
zentrale Funktion der mesoklitischen Futur-Formen im PA identifiziert werden, die sich als Konsequenz aus den stark beschränkten syntaktischen Einsatz-
möglichkeiten der Formen ergibt. Dieser Zusammenhang plausibilisiert gleichzeitig auch ihr insgesamt seltenes Auftreten.

5   Zusammenfassung und Interpretation der Ergebnisse

Die Analyse der Futur-Formen des PA auf syntaktisch-informations-
struktureller und modalsemantischer Ebene hat gezeigt, dass sie in der Tat
jeweils unterschiedliche Funktionen erfüllen, und bestätigt somit die eingangs
formulierte Hypothese. Die synthetischen Futur-Formen des PA sind mit
keiner spezialisierten Funktion verbunden, somit sind sie syntaktisch sowie
modal variabel einsetzbar, jedoch wenig geeignet, um Informationsstruktur
oder Modalität markiert zum Ausdruck zu bringen. Bezüglich der analytischen
Futur-Formen wird dagegen ersichtlich, dass sie jeweils spezifische Funktionen
erfüllen. Im Fall der periphrastischen Futur-Formen besteht diese während des
gesamten Analysezeitraums im markierten Ausdruck von – in den meisten
Fällen deontischer – Modalität. Die mesoklitischen Futur-Formen erfüllen
indes eindeutig eine informationsstrukturelle Funktion, indem sie Topikalisierungen syntaktisch markieren. Diese Erkenntnisse entsprechen damit in

weiten Teilen denen, die Company Company (1986) auch für das Altspanische lieferte (cf. Kap. 3.1), jedoch mit dem bedeutenden Unterschied, dass keine der Futur-Formen des PA in späteren Sprachstufen des Portugiesischen außer Gebrauch geriet (cf. Kap. 1).

Die obengenannten Feststellungen bestätigen nicht nur die in der Einleitung formulierte Hypothese, sondern verdeutlichen auch, dass das PA über vielfältige Möglichkeiten zur Strukturierung von Information in Äußerungen sowie zum Ausdruck von Modalität durch Verbalformen verfügte und diese in teils erheblichem Maße genutzt wurden. Das PA zeigt sich somit als eine in dieser Hinsicht expressive Sprachstufe. Die Tatsache, dass überdies die analysierten Futur-Formen auch in der aktuellen Sprachstufe des Portugiesischen noch vorhanden sind, deutet zudem auf eine gewisse Konservierung dieser Expressivität hin, was Raum für weitere dia- sowie synchronische Analysen des portugiesischen Futur-Tempus bietet.

Bibliographie

Castro, Ivo. 2006. *Introdução à História do Português*. Lissabon: Colibri.

Company Company, Concepción. 1986. «Los futuros en el español medieval. Sus orígenes y su evolución». In: *Nueva Revista de Filología Hispánica*. Vol. 34, 48-108.

Coutinho, Ismael de Lima. 1958. *Pontos de Gramática Histórica*. Rio de Janeiro: Livraria Acadêmica.

Davies, Mark; Ferreira, Michael. 2006-. «*Corpus do Português: 45 million words, 1300s-1900s*», http://www.corpusdoportugues.org/hist-gen/ (zuletzt eingesehen am 07.05.2020).

Frade, Mafalda. 2011. «O Futuro com aver de + infinitivo no ‹Livro dos Ofícios›». In: *Ágora. Estudos Clássicos em Debate*. Vol. 13, 45-82.

Huber, Joseph. 1933. *Altportugiesisches Elementarbuch*. Heidelberg: Carl Winters.

Iliescu, Maria. 2008. «Phénomènes de convergence et de divergence dans la Romania: morphosyntae et syntaxe». In: Ernst, Gerhard; Gleßgen, Martin-Dietrich; Schmitt, Christian; Schweickard, Wolfgang (edd.): *Romanische Sprachgeschichte. Ein internationales Handbuch zur Geschichte der romanischen Sprachen*. Berlin: De Gruyter, 3255-3281.

Krifka, Manfred. 2006. «Basic Notions of Information Structure». In: *Interdisciplinary Studies on Information Structure*. Vol. 6, 13-56.

Massini-Cagliari, Gladis. 2006. «Sobre o Status Morfofonológico e Prosódico das Formas Verbais de Futuro em Português Arcaico». In: *Estudos da Língua(gem)*. Vol. 3, 91-104.

Messner, Dieter. 1994. «Portugiesisch: Periodisierung». In: Holtus, Günter; Metzeltin, Michael; Schmitt, Christian (edd.): *Lexikon der Romanistischen Linguistik. Band VI/2: Galegisch, Portugiesisch*. Berlin: De Gruyter, 618-623.

Nunes, Rosane. 2003. *Evolução cíclica do Futuro do Presente do latim ao português*. Pelotas: Universidade Católica de Pelotas.

Lausberg, Heinrich. 1966. *Lingüística Románica. Tomo II – Segunda Parte. Morfología (§§ 583-548)*. Madrid: Gredos.

Silva, Rosa Virgínia Mattos e. 2006. *O português arcaico. Fonologia, morfologia e sintaxe*. São Paulo: Contexto.

Teyssier, Paul. 1984. *História da Língua Portuguesa. Tradução de Celso Cunha*. Lissabon: Livraria Sá da Costa.

Wesch, Andreas. 2008. «Interne Sprachgeschichte des Portugiesischen: Morphosyntax und Syntax». In: Ernst, Gerhard; Gleßgen, Martin-Dietrich; Schmitt, Christian; Schweickard, Wolfgang (edd.): *Romanische Sprachgeschichte. Ein internationales Handbuch zur Geschichte der romanischen Sprachen*. Berlin: De Gruyter, 3193-3204.

Williams, Edwin B. 1938. *From Latin to Portuguese. Historical Phonology and Morphology of the Portuguese Language*. Oxford: Oxford University Press.

Yannic Klamp (Mainz)

Alma und *ánima* in spanisch-zapotekischen Evangelisierungs-werken: die Translation des Konzepts *Seele* im kolonialen Missions-kontext (Neu-Spanien, 16.-18. Jh.)[1]

The arrival of the Spanish in present-day Oaxaca, Mexico, led to manifold communicative challenges and was the origin of the first written documents in the local indigenous languages. This paper focuses on Spanish-Zapotec translations produced by Christian missionaries during the colonial period. In this context, it aims to investigate the expression of the concept of *soul* in their catechisms and *confesionarios* by analyzing chronologically how different authors apply the Spanish synonyms *alma* and *ánima*. On the one hand, we can observe some similar tendencies in central Mexican documents for the early colonial period so that we can assume that the corpus was influenced by Nahuatl translations. On the other hand, there is an independent development in Spanish-Zapotec translations not only regarding the target text but also the source text.

Keywords: *colonial Mexico; Spanish-Zapotec translations; missionary texts; catechisms; loanwords;*

1   Einleitung

Die Evangelisierung der indigenen Bevölkerung Amerikas war eines der zentralen Anliegen von spanischer Krone und katholischer Kirche während der Kolonialzeit. Um dieses Vorhaben umzusetzen, war es vonnöten, das Wort Gottes zu verbreiten und die Menschen mit den Grundzügen des Christentums vertraut zu machen, weshalb man schon früh damit begann, sich intensiv mit den Sprachen der lokalen Bevölkerung zu beschäftigen und ausgewählte In-halte in diese zu übersetzen. Infolgedessen entstanden vor allem Katechismen, es wurden aber auch Grammatiken und Wörterbücher verfasst, die dem Spracherwerb dienten und somit zu einer effektiveren Missionierung beitragen

---

1   Dieser Artikel ist im Rahmen des von der Deutschen Forschungsgemeinschaft geförderten Projekts SCHR 730/4-1 «Koloniale Translationspraktiken an der Peripherie Neu-Spaniens zwischen Evangelisierung und lokaler indigener Rechtsprechung» ent-standen, das Teil des Schwerpunktprogramms 2130 «Übersetzungskulturen der Frühen Neuzeit» ist. Siehe dazu auch: https://www.spp2130.de/.

sollten. Das 1535 gegründete Vizekönigreich Neu-Spanien, das größtenteils auf dem Gebiet des heutigen Mexiko lag, war dabei Schauplatz einer besonders produktiven und vielfältigen Textproduktion, was nicht zuletzt an der Vielzahl unterschiedlicher indigener Sprachen lag, die dort gesprochen wurden.

Zu diesen gehört auch das Zapotekische, das im heutigen Bundesstaat Oaxaca im Süden Mexikos verbreitet ist und dessen unterschiedliche Varietäten noch heute rund 490.000 Menschen als ihre *lengua principal* bezeichnen (cf. INEGI 2020). Bis zur Ankunft der Dominikanermönche, denen die Missionierung in dieser Region anvertraut wurde und die das lateinische Alphabet einführten, verfügte das Zapotekische über keine ausgebaute alphabetische Schriftkultur, sodass sämtliche uns heute überlieferten Aufzeichnungen auf europäischen Vorbildern basieren und klar von diesen geprägt sind. Wie genau Konzepte und Strukturen durch den Übersetzungsprozess in die indigene Sprache übertragen wurden und sich dort dann textsortenübergreifend ausgebreitet haben, wurde in der Forschung jedoch erst teilweise untersucht.[2] Der vorliegende Beitrag soll daher einen möglichen Zugang zu diesem Thema aufzeigen und dabei auch die Merkmale der jeweils den Translationsprozessen zugrunde liegenden Ausgangstexte fokussieren, um die Übersetzung religiöser Inhalte im kolonialen Kontext anhand spanisch-zapotekischer Texte zu illustrieren sowie das translatorische Handeln der beteiligten Akteure nachvollziehbar zu machen. Exemplarisch wird dies anhand des Begriffs der *Seele* untersucht, für die das Spanische mit *alma* und *ánima* zwei Lexeme kennt.

Zu diesem Zweck sollen zunächst Merkmale der spanisch-zapotekischen Missionarsübersetzungen im Allgemeinen – und im Rahmen dieser von Katechismen im Speziellen – sowie die dabei angewandten Methoden thematisiert werden. Anschließend wird die sprachliche Umsetzung dieses im Christentum sehr wichtigen Konzepts in seiner diachronen Entwicklung in den Fokus rücken, da im Laufe der Zeit Veränderungen zu beobachten sind. Dies trifft aber weniger auf die zapotekischen Übersetzungen als vielmehr auf die spanischen Texte, die diesen als Basis dienten, zu. Im Zuge der Analyse, die sich insbesondere auf diejenigen Textstellen konzentriert, in denen zwischen Ausgangs- und Zieltext Unterschiede hinsichtlich der verwendeten Begriffe

---

[2] Cf. insbesondere Schrader-Kniffki/Yannakakis (2014) zum Konzept *Sünde* und (2021) zum Strukturmarker *xibaa* sowie Schrader-Kniffki et al. (2021) zur Dreieinigkeit.

feststellbar sind, wird darüber hinaus auch die Situation im Kontext von Nahuatl- und Quechua-Übersetzungen skizziert und geprüft, inwiefern diese im Zusammenhang mit den hier untersuchten Dokumenten stehen.

2 Kolonialzeitliche Missionarsübersetzungen ins Zapotekische

Die uns heute aus der Kolonialzeit überlieferten zapotekischen Dokumente sind größtenteils Übersetzungen, die häufig jeweils Ausgangs- und Zieltext beinhalten und somit einen direkten Vergleich ermöglichen.[3] In den von Missionaren verfassten Texten ist Spanisch die Sprache des Ausgangstexts und Zapotekisch die Sprache des Zieltexts, üblicherweise werden diese in zwei gegenübergestellten Spalten pro Seite dargestellt.[4] Über allem stand neben der Verbreitung des Christentums das Verhindern jeglichen Anzeichens von *idolatría*, der Verehrung der indigenen Gottheiten, da dies im Widerspruch zum propagierten Monotheismus stand (cf. Zwartjes 2014: 1-2). In diesem Spannungsfeld erwies sich die Translation christlicher Konzepte als besonders schwierig, da der polytheistische Glaube der Zapoteken für diese keine Entsprechungen hatte.

Im Missionskontext sind insbesondere vier Möglichkeiten zum Füllen dieser lexikalischen Nullstellen feststellbar: die Verwendung einer Entlehnung, die möglichst genaue Übersetzung in die Zielsprache, die Übertragung mittels einer Umschreibung und die Resemantisierung bereits in der Zielsprache bestehender Lexeme (cf. Ricard 1986: 101-102; Zwartjes 2014: 38). Diese Herangehensweisen treten nicht selten auch in Kombination miteinander auf und haben jeweils Vor- und Nachteile hinsichtlich ihrer Verständlichkeit und der

---

[3] Das trifft auch auf viele der ebenfalls noch erhaltenen zapotekischen Texte aus dem juristisch-notariellen Kontext zu, auf die hier jedoch nicht näher eingegangen werden kann.

[4] Es gilt zu beachten, dass *Zapotekisch* ein Überbegriff ist, der eine Reihe von miteinander verwandten, aber keinesfalls problemlos gegenseitig verständlichen Varietäten bezeichnet, sodass die sprachliche Diversität der untersuchten Texte durchaus beachtlich ist. Der Einfachheit wegen und aufgrund der Fokussierung auf Entlehnungen in diesem Beitrag wird im Folgenden dennoch nicht weiter zwischen den einzelnen Varietäten differenziert.

Gefahr, Bezug auf pagane Glaubensinhalte zu nehmen. Übersetzungen ins Zapotekische gehören häufig zum ersten Typ und verwenden dabei sowohl spanische als auch lateinische Lexeme. Der vorliegende Beitrag wird sich durch die Untersuchung des Konzepts *Seele* mit einer dieser Entlehnungen befassen, die in der analysierten Sprachkontaktsituation eine Besonderheit aufweist: Der in den Zieltext transferierte spanische Begriff stimmt häufig nicht mit dem überein, der in der unmittelbar zugrundeliegenden Stelle des Ausgangstexts steht, wobei dieser Befund abhängig vom Zeitpunkt der Entstehung des jeweiligen Werks ist.

Das zu diesem Zweck erstellte Korpus setzt sich größtenteils aus Katechismen zusammen, die das wichtigste Medium im Evangelisierungsprozess waren. Mehr noch als andere Texte, die im spanischen Kolonialreich verfasst wurden, orientierten sich diese im Spanischen häufig auch als *Doctrinas* bezeichneten Werke[5] an festen Vorgaben, deren Einhaltung die Inquisition überprüfte und bei Bedarf mit Strafprozessen und verweigerten Druckerlaubnissen sanktionierte (cf. Ricard 1986: 105). Aufgrund dieser strengen Regulierung und der Tatsache, dass die zu übersetzenden Inhalte auch trotz großer geographischer Distanz und sehr unterschiedlicher Kontaktsituationen vielfach identisch waren, sind Katechismen auch sprachenübergreifend gut für einen Vergleich geeignet.[6]

Im spanisch-zapotekischen Kontext lassen sich zwei Arten dieser Werke voneinander abgrenzen: Die *Doctrina Christiana* von Pedro de Feria, gedruckt im Jahr 1567, unterscheidet sich von den späteren Katechismen des Korpus, da in ihr lediglich der Prediger zu Wort kommt, wohingegen jene in Teilen oder mitunter fast ausschließlich durch das Wechselspiel von Fragen und Antworten

---

[5] Üblicherweise – so auch im vorliegenden Artikel – werden die Begriffe synonym verwendet, wenngleich bisweilen darauf verwiesen wird, dass Katechismen generell eine dialogische Struktur aufweisen, die in *Doctrinas* nicht vorliegt (cf. Egío 2020: 243). Folgt man dieser Einteilung, wäre das Werk Ferias demnach keine *Doctrina*; wie unscharf die Trennlinie ist, wird jedoch dadurch deutlich, dass genau dieses den Titel *Doctrina Christiana* trägt.

[6] Allgemein zeichneten sich *Doctrinas* in der Kolonialzeit auch in anderen sprachlichen Kontexten meistens durch formale Ähnlichkeiten aus, allerdings wurden zum Teil auch Sonderformen verfasst, die dem Spanischen beispielsweise zwei indigene Sprachen gleichzeitig gegenüberstellten oder piktographische Elemente beinhalteten. Für einen allgemeinen Überblick cf. Zwartjes (2014).

charakterisiert sind, was die Dialogsituation zwischen dem Missionar und den Katechumenen abbildet und das auf eine möglichst wörtliche Wiederholung ausgelegte Vorgehen der Unterweisung bestimmt. Solche formalen und inhaltlichen Merkmale basieren häufig auf konkreten Vorlagen und/oder sind im direkten Zusammenhang mit der kolonialen Sprach- und Translationspolitik zu sehen.[7] Der dialogische Aufbau der *Doctrina cristiana* von Pacheco de Silva aus dem Jahr 1687 beispielsweise geht zurück auf den in Spanien wirkenden Gerónimo de Ripalda, der 1591 und dann mit großem Erfolg erneut 1618 einen Katechismus veröffentlichte, der in der Folgezeit als richtungsweisend betrachtet wurde und nicht selten unverändert als Basis für Übersetzungen Verwendung fand (cf. Burkhart 2014: 173). Dank metatranslatorischer Kommentare in den Vorbemerkungen sind solche und andere wichtige Einflussfaktoren sowie das allgemeine Vorgehen der Missionare auch heute noch oft für uns greifbar; nicht zuletzt deshalb kann zweifellos festgehalten werden: «The catechisms are the most important missionary sources in which translation theory and practice becomes visible» (Zwartjes 2014: 9).

3   Die *Seele* in spanisch-zapotekischen Evangelisierungswerken

Im Folgenden sollen in chronologischer Reihenfolge fünf zapotekische Werke aus der Kolonialzeit untersucht werden, die unmittelbar die Evangelisierung der indigenen Bevölkerung zum Ziel hatten. Dies umfasst neben den bereits angesprochenen Katechismen, die den Hauptbestandteil des Korpus bilden, auch aus vorformulierten Fragen bestehende Anleitungen zum Durchführen der Beichte, die sogenannten Beichtspiegel (sp. *confesionario*). Diese Textsorten wurden auch dann miteinbezogen, wenn sie in heterogenen Werken zusammen mit Grammatiken und Wörterbüchern veröffentlicht wurden, wobei die übrigen Teile dann jeweils keine Berücksichtigung fanden. Weiterhin wurde vorausgesetzt, dass die untersuchten Passagen zweisprachig auf Spanisch und Zapotekisch vorliegen. Nahezu alle heute noch erhaltenen Texte, auf die diese

---

[7] Eine ausführliche Behandlung dieses komplexen Themas kann hier nicht erfolgen, für eine generelle Übersicht sei daher auf Wright Carr (2007) verwiesen, konkret zu Katechismen schreibt Rodríguez (2014).

Kriterien zutreffen, werden im Folgenden in die Analyse miteinbezogen und dabei weiteren kolonialen Werken vergleichend gegenübergestellt.[8] Etwas ausführlicher wird auf die *Doctrina cristiana* von Pacheco eingegangen, die wegen ihres Umfangs und der deutlichen intertextuellen Beziehung zu Ripalda eine Sonderrolle einnimmt.

3.1 Das 16. Jahrhundert: Erste Belege für *anima* im Zapotekischen

Die Idee einer unsterblichen Seele ist im christlichen Glauben zentral, weshalb in den neu-spanischen Katechismen häufig Bezug darauf genommen wird. Die beiden spanischen Lexeme *alma* und *ánima* gehen auf dieselbe lateinische Wurzel zurück und sind in dieser Epoche grundsätzlich als synonym zu betrachten «siendo ‹ánima› la forma ‹culta› y ‹alma› la ‹popular›» (Dedenbach-Salazar Sáenz/Ruhnau 2016: 188). Auch Feria verwendet im spanischen Text seiner *Doctrina* beide Begriffe ohne erkennbare Bedeutungsunterscheidung und lediglich mit leichter Präferenz für *alma*, das mehr Belege als *anima* aufweist.[9] In der zapotekischen Übersetzung greift er dabei ausschließlich auf *anima* zurück, auch wenn im Spanischen *alma* verwendet wird. Er entlehnt also in diesen Fällen ein Wort, das nicht im Ausgangstext steht, bzw. *übersetzt* das Lexem *alma* mit dem spanischen Synonym *anima*. Die einzige Ausnahme bildet die folgende Textstelle,[10] in der er die Kategorie ‹die Seelenkräfte› nicht nur übersetzt, sondern auch erneut namentlich im Zieltext erwähnt, sodass *alma* in diesem Kontext nicht direkt in den zapotekischen Satz eingebunden ist:

---

[8] Lediglich das *Quaderno de Ydioma Zapoteco del Valle*, das 1793 von einer anonymen Person verfasst wurde, konnte nicht berücksichtigt werden, da dieses Manuskript nicht transkribiert vorliegt. Auch das 1666 gedruckte *Miscelaneo espiritual en el idioma zapoteco* ist nicht als Transkript vorhanden, weshalb diesbezügliche Belege nur mittels digitaler Suchfunktion innerhalb des PDF-Dokuments erschlossen werden konnten. Dasselbe trifft auch auf die in Kap. 3.2 genannten Nahuatl-Werke zu.

[9] Sofern nicht anders angegeben, sind damit im gesamten Beitrag stets sämtliche Flexions-formen und orthographische Varianten gemeint.

[10] Es liegt eine weitere zapotekische Textstelle vor, die – abgesehen von orthographischen Abweichungen – identisch zum hier zitierten Zieltext ist (cf. Feria 1567: 115), sich allerdings in einer einsprachigen Passage befindet und daher nicht zum Korpus gehört.

(1) Siguense las tres potencias del alma
Alaatij chona loo quela naguichi xiteni anima (nila potencias del alma.)
(Feria 1567: 97)
'Und drei Stärken der Seele (die potencias del alma heißen)'[11]

Dass Feria bei seiner offensichtlichen Flexibilität ausgerechnet in einer Passage, in der er innerhalb eines spanischen Zitats die Seele im zapotekischen Text anspricht, *alma* anstelle von *anima* verwendet, dürfte damit erklärbar sein, dass «potencias del alma» aus theologischer Sicht als ein feststehender Ausdruck betrachtet werden kann, weshalb er nicht selten auch mit Majuskeln am Wortanfang geschrieben wird (cf. Bsp. 6 in Kap. 3.4). Die im gesamten Translationsprozess bewusst getroffene Entscheidung, jedes ausgangssprachliche *alma* im Zieltext als *anima* wiederzugeben, kann hingegen durch einen Blick in weitere zeitgenössische Quellen nachvollzogen werden: Im 1578 gedruckten *Vocabulario en lengua çapoteca* von Juan de Córdova, dem ersten und lange einflussreichsten spanisch-zapotekischen Wörterbuch, findet man zu den entsprechenden Begriffen folgende Einträge:

(2) Alma o anima. pée, làchi, lachitaoni, penepaa (1578: 22)

(3) Anima de alguno vide spiritu.[12] Anima, pèe, lachi, pénepaa (ibid.: 29)

Die zitierten Stellen zeigen anschaulich zwei der bereits erwähnten Übersetzungsmethoden, die im Zuge der Evangelisierung der indigenen Bevölkerung der spanischen Kolonien durch die Missionare angewandt wurden: einerseits der Gebrauch zielsprachlicher Lexeme, andererseits der Rückgriff auf eine Entlehnung, im vorliegenden Fall *anima*.[13] Bei der ersten Option könnte der Verdacht auf Idolatrie aufkommen, da auf der einen Seite *pèe* und seine Derivate eng mit einer gewissen *Lebenskraft* – einem zentralen theologischen

---

[11] Sämtliche Übersetzungen aus dem Zapotekischen in diesem Beitrag stammen vom Verfasser.

[12] Unter *spiritu* ist kein Eintrag vorhanden, unter *espiritu* hingegen schon. Übereinstimmungen zu den hier genannten Entsprechungen finden sich allerdings nur bei *pée* und *pènepáa*. *Anima* und *lachi/làchi* sind nicht angeführt.

[13] Weshalb er das spanische Lehnwort jedoch nicht beim Eintrag «Alma o anima» angibt, bleibt offen. Auch die leicht abweichenden zapotekischen Entsprechungen sind auffällig, lassen sich jedoch vermutlich auf die in dieser Zeit häufiger auftretenden Inkonsistenzen zurückführen. Dass Córdova *alma* und *anima* in einem der Einträge gebündelt behandelt, deutet jedenfalls darauf hin, dass auch er sie als synonym betrachtet.

Konzept des naturalistischen Polytheismus der Zapoteken – in Verbindung stehen (cf. Lind 2015: 4; 7), was zum Synkretismus führen könnte. Auf der anderen Seite bildet *lachi* die Grundlage für viele metaphorische Ausdrücke (cf. Schrader-Kniffki 2004: 97), da es eine dem Körper inhärente Wesenhaftigkeit bezeichnet, im Zuge dessen es sich auch auf das Herz – also eine konkrete, materielle Sache – beziehen kann (cf. Córdova 1578: 92), sodass auch dieser Begriff im christlichen Kontext nicht unproblematisch ist. Die Verwendung von *anima* ist dagegen unverfänglich und die Einträge im Wörterbuch belegen, dass dieser Transfer eines Lexems im missionarischen Alltagsgebrauch der Zielsprache als etabliert betrachtet werden kann.

3.2 Die Übersetzung der ‹Seele› in kolonialen Nahuatl- und Quechua-Texten

Dies erklärt jedoch nicht, weshalb *anima* und nicht *alma* oder gar beide Begriffe entlehnt wurden. Die Antwort darauf findet sich mit einiger Wahrscheinlichkeit in Zentralmexiko und den dort entstandenen Evangelisierungswerken, denn das rund um die ehemalige Aztekenhauptstadt Tenochtitlan – die zum Zentrum des Kolonialreichs von Neu-Spanien wurde – überwiegend gesprochene Nahuatl wurde von den Spaniern vor allem in der Anfangszeit im Sinne einer *Lingua franca* weit über seine ursprünglichen Verbreitungsgrenzen hinaus verwendet.[14] Dies führte dazu, dass viele der in diesem Kontext entstandenen zweisprachigen Werke einen Vorbildcharakter entwickelten und missionarische Werke aus anderen Sprachkontaktsituationen häufig daran ausgerichtet wurden (cf. Thiemer-Sachse 1997: 165-169). So ist etwa bei Alonso de Molina in dessen umfassendem Wörterbuch für das Nahuatl zu lesen:

(4)   Alma o anima. teyolia. teyolitia. teanima (1571: 8)

(5)   Anima o alma. tetonal. teyolia. teyolitia. totonal. toyolia. tanima (ibid.:10)

---

[14] Unter der Bezeichnung *lengua general (de los indios)* wurde es im kolonialen Neu-Spanien Gegenstand zahlreicher sprachpolitischer Debatten (cf. Wright Carr 2007: 9-10).

Auch hier wird also neben einigen Begriffen der indigenen Sprache, die unterschiedliche semantische Schnittmengen mit dem christlichen Konzept *Seele* haben, das spanische *anima* als Entlehnung verwendet, wenn auch in diesem Fall an die morphologischen Eigenschaften der Zielsprache angepasst (cf. Pharo 2018: 217-219). Die Entscheidung fällt dabei zuungunsten von *alma* aus, womöglich da *anima* zugleich auch der lateinische Begriff ist. Geht man davon aus, dass die spanischen Geistlichen darum bemüht waren, Mehrdeutigkeiten und Unklarheiten zu vermeiden, könnte darin jedenfalls der Grund liegen, weshalb mit *alma* nicht zusätzlich noch ein weiteres Lexem in der Zielsprache Anwendung fand. Stattdessen gibt es – wie die Einträge bei Molina belegen – insbesondere in den Anfangsjahren unterschiedliche Versuche, der indigenen Bevölkerung auch durch zielsprachliche Übersetzungen die Bedeutung dieses Konzepts näherzubringen. Die den dort angegebenen Begriffen zugrundeliegenden Wurzeln sind *yoli* ('leben') und *tona* ('warm sein'), zudem war das Wort *yollotl* im Umlauf, das mit 'Herz' übersetzt werden kann (cf. Dedenbach-Salazar Sáenz/Ruhnau 2017: 188; 191). Vergleicht man diese Übersetzungen mit denen von Córdova, zeigt sich, dass es hinsichtlich der von den Missionaren als geeignet empfundenen fremdsprachlichen Lexeme neben einigen Unterschieden durchaus auch semantische Gemeinsamkeiten gab. Diese Beobachtungen treffen auch auf die Andenregion zu, wo Übersetzungen ins Quechua mit *songo* ('Herz') sowie Derivaten von *kama-* (u.a. 'erschaffen') und *sama-* (u.a. 'aushauchen') durchgeführt wurden, bis ein infolge des dritten Konzils von Lima herausgegebenes Wörterbuch 1608 dann *anima* als einzige Übersetzung für *alma* angibt (cf. ibid.: 202; 205-206).

In Neu-Spanien ist bezüglich des Lexems *anima* nachweisbar, dass diese Entlehnung nicht erst seit der Veröffentlichung des Wörterbuchs von Molina in Umlauf war und vor allem nicht nur von diesem als geeignet angesehen wurde (cf. Anunciación, D. 1565), sodass anzunehmen ist, dass auch diejenigen Missionare sie frühzeitig adaptierten, die auf dem Gebiet des heutigen Oaxaca wirkten.[15] Wirft man vor dem Hintergrund dieser wahrscheinlichen

---

15 Der untereinander stattfindende Wissenstransfer und das Vorhandensein von Übersetzernetzwerken sind allgemein anerkannt und in einzelnen Fällen auch sehr genau nachzuverfolgen (cf. Tanck de Estrada 1989: 713-714; Villavicencio Zarza 2014: 138-139).

Einflussnahme einen kurzen Blick auf den Gebrauch der beiden Synonyme in den *Doctrinas* für die Nahuatl-sprechende Bevölkerung, stellt man fest, dass sich dort jedoch – anders als in Ansätzen bei Feria – kein Beleg für eine grundsätzliche Bevorzugung von *alma* in spanischen Texten findet. Ganz im Gegenteil zeigen die exemplarisch zum Vergleich herangezogenen Werke von Domingo de la Anunciación (1565), Juan de la Anunciación (1575), Alonso de Molina (1578) und Martín de León (1611),[16] dass *anima* deutlich häufiger gebraucht wird, in den beiden erstgenannten Katechismen sogar ausschließlich – gleichzeitig konnte auch hier kein Beleg für *alma* im Zieltext gefunden werden.[17]

3.3 Das 17. Jahrhundert: Zunehmende Präferenz für *alma* im Ausgangstext

In den spanisch-zapotekischen Missionarswerken des 17. Jahrhunderts lassen sich in den Zieltexten die gleichen Beobachtungen wie bei Feria machen, da auch in diesen grundsätzlich durch eine Entlehnung auf die Seele Bezug genommen wird und stets *anima* diese Rolle ausfüllt. Im *Manual breve* von Alonso Martínez, einem 1633 verfassten Manuskript, finden sich innerhalb des *Confessionario* diverse Belege für *anima*, erstmals jedoch ausschließlich im zapotekischen Text. Der jeweils zugrundeliegende spanische Text enthält durchgehend *alma*. Lediglich in einer teilweise auf Spanisch und teilweise auf Zapotekisch verfassten Notiz, die auf die Rückseite eines Blatts des *Manual breve* geschrieben wurde, ist im spanischen Text ein Beleg für *alma* und einer für *animas* zu verzeichnen, zusätzlich zu einer Nennung von *anima* im Zapotekischen (cf. Martínez 1871 [1633]: 71-73). Dieser Nachruf auf den Tod eines

---

[16] Die Auswahl der Vergleichswerke erfolgte nach den Kriterien Inhalt (Katechismus oder andere Textart, die unmittelbar zur Evangelisierung dient) und Zweisprachigkeit Spanisch-Nahuatl. Verfügbare Werke aus späterer Zeit sind nur einsprachig vorhanden und/oder Nachdrucke von Molinas einflussreicher *Doctrina*, sodass diese nicht für den Vergleich geeignet sind.

[17] Auch für das Quechua ist die Verwendung von *anima* und *alma* im spanischen Ausgangstext einer *Doctrina* zumindest bis 1584 belegt (cf. Dedenbach-Salazar Sáenz/Ruhnau 2017: 207). Interessant ist jedoch vor allem, dass für das Jahr 1608 auch *alma* als Entlehnung im Zieltext nachweisbar ist (cf. ibid.: 209).

Ordensbruders hat einen religiösen Charakter, ist aber – soweit der Überlieferungszustand diese Aussage zulässt – vermutlich nicht Teil einer Übersetzung, was ihn von den übrigen in diesem Beitrag analysierten Passagen unterscheiden würde und seine Zugehörigkeit zum Untersuchungskorpus infrage stellt. Ähnliche Befunde liefert die Untersuchung des *Miscelaneo espiritual* von Cristóbal de Agüero aus dem Jahr 1666, das überwiegend auf Zapotekisch geschrieben ist, aber auch über einen zweisprachigen *Confessionario* verfügt, in dem *anima* diverse Male im Zieltext sowie ein einziges Mal im Ausgangstext verwendet wird, der ansonsten durchgehend *alma* aufweist.

In der 1687 veröffentlichten *Doctrina cristiana* des Pacheco de Silva[18] bestätigt sich dieser Trend. Während im Ausgangstext hauptsächlich *alma* verwendet wird (21 Okkurrenzen, zusätzlich fünf Verwendungen von *anima*), findet sich im Zieltext ausschließlich *anima* (55 Belege).[19] Im Unterschied zu den zuvor fokussierten Werken ist der Ausgangstext von Pachecos *Doctrina* allerdings nicht allein der Urheberschaft des Übersetzers zuzuschreiben. Er orientiert sich nämlich am *Catecismo* von Ripalda, was nicht nur bei der Gegenüberstellung der beiden Texte deutlich wird, sondern auch durch eines der Gutachten, die dem eigentlichen Katechismus vorangestellt sind. Dort sagt Nicolás de Andrade, ein dominikanischer Ordensbruder, über den Autor: «la Doctrina que traduce es de el Doctissimo Padre Ripalda» (Pacheco de Silva 1687: o.S.). Es wird also suggeriert, dass Pacheco de Silva den Text Ripaldas übernommen und anschließend übersetzt hat. Untersucht man die beiden Werke hinsichtlich der sprachlichen Umsetzung des Konzepts *Seele*, stellt man jedoch fest, dass der neu-spanische Dominikaner den Text seines Vorgängers modifiziert hat, bevor er dann ins Zapotekische übersetzt wurde.

In der Vorlage gibt es acht Belege für *anima* und 16 für *alma*;[20] Ripalda verwendet die beiden Begriffe, die bei Pachecos spanischem Text etwa im

---

18 In diesem Fall ist damit nicht das gesamte Werk gemeint, sondern lediglich die rund zwei Drittel des Gesamtumfangs ausmachende eigentliche *Doctrina*. Diverse Gutachten, Heiligenkalender, Mustergebete, Anleitungen zur Sterbebegleitung etc. finden hier keine Berücksichtigung, da diese Teile ohnehin nicht zweisprachig sind.

19 In diesem Werk in beiden Sprachen stets mit Majuskel am Wortanfang: *Alma(s)* / *Anima(s)*.

20 Wieder ist nicht das gesamte Werk gemeint, da etwa das letzte Fünftel einer Anleitung zum Durchführen der Messe gewidmet ist, die fast ausschließlich auf Latein verfasst wurde.

Verhältnis von 1:4 belegt sind, im Verhältnis von 1:2, was auf eine weniger klare Präferenz für eines der Lexeme hindeutet. Besonders deutlich wird die fehlende Differenzierung anhand der folgenden Passage, wo beide Begriffe beinahe unmittelbar aufeinander folgen:

> Resp. Con el *Anima* unida â la Divinidad. / Preg. Y su cuerpo como quedó? / Resp. Unido con la misma Divinidad. / Preg. Como resucitò? / Resp. Tornandose â juntar su Cuerpo, y *Alma* gloriosos, ya para nunca morir (Ripalda 1754 [1618]: 38-39, Herv. d. Verf.).

Aus quantitativer Sicht fällt auf, dass bei Pacheco zwei zusätzliche Erwähnungen vorliegen, was sich damit erklären lässt, dass in dessen *Doctrina* am Ende eine Sammlung von Fragen und Antworten zu den wichtigsten christlichen Leitgedanken angefügt ist, die der Festigung dieser Schlüsselkonzepte gedient haben dürfte. Zudem findet sich in diesem Werk ein weiterer Beleg für *alma*, ohne dass Ripalda an der entsprechenden Stelle eines der beiden Lexeme, die 'Seele' bedeuten, verwendet hätte; auf der Gegenseite gibt es jedoch auch eine Textstelle, an der ein *alma* aus dem *Catecismo* nicht von Autor der *Doctrina cristiana* übernommen wird.[21]

Zusätzlich zu diesen beiden Veränderungen, anhand derer Pachecos Bereitschaft zur Modifikation bereits deutlich wird, gibt es von den erwähnten acht Belegen für *anima* in der Vorlage vier Fälle, in denen im Werk des Dominikaners ein Wechsel zu *alma* stattgefunden hat. Pacheco de Silva scheint in seinem spanischen Ausgangstext also bevorzugt dieses Lexem verwenden zu wollen, auch wenn die vier Textstellen, in denen auch er *anima* gebraucht, beweisen, dass sich dieser Substitutionsprozess noch nicht vollständig durchgesetzt hat.[22] Die Präferenz des Autors bestätigt sich tendenziell jedoch auch bei der Produktion von neuem Text, wo *alma* im Vergleich zu *anima* im Verhältnis 2:1 verwendet wird.

---

[21] Beide Veränderungen sind auf sprachliche Modifikationen zurückzuführen: An der zuerst erwähnten Stelle (Ripalda 1754 [1618]: 87; Pacheco de Silva 1687: 95) wird *Conciertala* zu *Concierta el Alma*, während im zweiten Fall (Ripalda 1754 [1618]: 74; Pacheco de Silva 1687: 79) aus *Los enemigos del Alma porquè se llaman assi* das gekürzte *Porquè se llaman assi* wird.

[22] Interessanterweise wird in einer Neuauflage des Werks an zwei weiteren Stellen *anima* durch *alma* ersetzt (cf. Pacheco 1882 [1687]: 49-50).

3.4 Das 18. Jahrhundert: Etablierung der nach Sprachen getrennten Verwendung von *alma* im spanischen und *anima* im zapotekischen Text

Das einzige zum Korpus gehörende Werk aus dem darauffolgenden Jahrhundert ist der 1732 von Leonardo Levanto verfasste *Cathecismo de la doctrina christiana*. Er ist mutmaßlich ebenfalls von Ripaldas Vorlage beeinflusst, aber wesentlich weniger umfangreich als Pachecos *Doctrina*, was unter anderem darauf zurückzuführen ist, dass einige zentrale Glaubensinhalte (Vaterunser, Glaubensbekenntnis etc.) ausschließlich auf Zapotekisch enthalten sind und jeweils nur durch eine spanische Überschrift gekennzeichnet werden. Dieser etwa die Hälfte des Werks einnehmende Teil wird durch eine dialogische zweite Hälfte komplementiert, die wie bereits bei Pacheco auf Spanisch sowie Zapotekisch vorliegt und in Spaltenform dargestellt ist. In beiden Werkhälften lassen sich ausschließlich im zapotekischen Zieltext Belege für *anima* und wiederum nur im spanischen Ausgangstext solche für *alma* finden. Nur in einem einzigen Fall kommt es zur Ausnahme, wobei die entsprechende Textstelle beinahe identisch zu der ist, die fast 170 Jahre zuvor von Pedro de Feria in dessen *Doctrina Christiana* verfasst wurde (cf. Bsp. 1 in Kap. 3.1):

(6)   LAS POTENCIAS DEL ALMA SON TRES.&.
        ALaarii: Choonaloo quellanaguiichi xtenni Anima, laa *Potencias del Alma*
        (Levanto 1776 [1732]: 11)
        'Und: Drei Stärken der Seele, sie heißen *Potencias del Alma*'

Die Gründe für die gewählte Umsetzung dürften identisch zu denen bei Feria sein und führen dazu, dass *alma* hier kein unmittelbarer Bestandteil des zapotekischen Satzes ist, sodass auch keine mit *anima* vergleichbare Entlehnung vorliegt, sondern eher eine als Eigenname begreifbare Übertragung. Abgesehen von dieser nachvollziehbaren Ausnahme, die nur den Zieltext betrifft, setzt sich die Entwicklung, die sich bereits im 17. Jahrhundert abgezeichnet hatte, hier fort und wird sogar insofern abgeschlossen, als erstmals in einem gesamten Werk kein Beleg für die Verwendung von *anima* innerhalb des spanischen Ausgangstexts vorhanden ist. Dass dennoch einige Dinge beibehalten oder wiederaufgegriffen wurden und demnach die Kenntnis älterer Werke aus derselben Sprachkontaktsituation[23] vorhanden war, veranschaulicht das oben zitierte Bsp. 6. Dies führt zur Schlussfolgerung, dass die graduelle Ersetzung von *anima* durch *alma* im spanischen Text eine bewusste Handlung war, und deutet darauf hin, dass dem eine wie auch immer geartete Form der Normierung zugrunde liegen könnte, die sich im Laufe der Zeit herausgebildet hat.

3.5 Weitere Beobachtungen

Einige weitere grundsätzlich ebenfalls vorstellbare Erklärungsansätze können derweil ausgeschlossen werden. Die Zuordnung zu einer bestimmten Textart bzw. die Unterscheidung zwischen mono- und dialogisch aufgebauten Werken ist bei der Frage nach der Wahl des Lexems nicht entscheidend. Dies wird besonders deutlich, wenn man sich nicht auf den zapotekischen Kontext beschränkt, sondern erneut eine weitere Perspektive einnimmt und auch die bereits erwähnten Nahuatl-Werke berücksichtigt. So kann nämlich die Hypothese, die bei Feria festgestellten Belege für *anima* im spanischen Text könnten etwas damit zu tun haben, dass dieses Werk das einzige in zapotekischer Sprache ist, das nicht dialogisch verfasst ist, beispielsweise damit widerlegt werden, dass die ebenfalls im Ausgangstext *anima* verwendende *Doctrina* von Domingo de la Anunciación eine Dialogstruktur aufweist. Auch eine mögliche Abhängigkeit von der Ordenszugehörigkeit der Verfasser ist nicht nachweisbar, da derselbe Domingo de la Anunciación genauso Dominikaner ist wie alle mit dem Zapotekischen arbeitenden Missionare, während mit Juan de la Anunciación (Augustiner), Alonso de Molina (Franziskaner) und Gerónimo de Ripalda (Jesuiten) auch Mitglieder weiterer großer Orden vertreten sind.

Betrachtet man unabhängig von der Frage nach den Motiven der Wortwahl die spanisch-zapotekischen Übersetzungen, zeichnet sich hinsichtlich des wortfinalen *-s* eine Regelmäßigkeit in den Zieltexten ab. In Levantos Katechismus sind die beiden einzigen Belege für *animas* Übersetzungen von

---

[23] Diese liegt hier in besonderem Maß vor, da Feria und Levanto ihre Werke in derselben zapotekischen Varietät geschrieben haben.

almas im spanischen Text, gleichzeitig sind dies auch die einzigen beiden Stellen, an denen das Konzept *Seele* im Spanischen überhaupt in einer Pluralform erwähnt wird. Die vier Verwendungen von *animas* in Pachecos spanischem Text werden unverändert ins Zapotekische übertragen, die gleiche zielsprachliche Entsprechung ist bei *almas* zu verzeichnen, das im selben Werk nachweisbar ist (ein Beleg). Martínez verwendet weder das eine noch das andere, die im gesamten Dokument einzige Okkurrenz von einer Pluralform ist das bereits oben erwähnte *animas* in der separaten Notiz. Ferias *Doctrina* fehlt es diesbezüglich an einem erkennbaren Muster und ein Nachweis für die Verwendung von *anima* im Singular innerhalb eines spanischen Textes in der Zeit nach 1567 ist nur im *Miscelaneo espiritual* sowie an einer Textstelle bei Pacheco belegt. Zusammenfassend können für die spanisch-zapotekischen Evangelisierungswerke ab dem 17. Jahrhundert somit zwei Feststellungen gemacht werden: 1) Wenn das Lexem *anima* im Spanischen gebraucht wird, dann bevorzugt sowie im Verhältnis zu seinem Synonym *alma* auffallend oft im Plural; 2) jeder der Belege im Plural wird auch im Zapotekischen mit wortfinalem *-s* wiedergegeben.

Hinzu kommen – insbesondere bei Pacheco – zahlreiche weitere Okkurrenzen von *animas*, obwohl im dazugehörigen spanischen Ausgangstext eine Singularform verwendet wird oder das Konzept *Seele* gänzlich unerwähnt bleibt. Das ist insofern verwunderlich, als das Zapotekische über keine morphologische Pluralmarkierung verfügt und das im Spanischen den Plural markierende *-s* in der Zielsprache keine Mehrzahl ausdrückt. Inwiefern sich die hier untersuchten Transferprozesse auf lexikalischer Ebene möglicherweise auch auf morphologische Aspekte übertragen haben, oder welcher andere Erklärungsansatz für diese Beobachtung denkbar wäre, können die bisherigen Untersuchungen allerdings nicht liefern, was verdeutlicht, dass in Zukunft weitere Analysen notwendig sind.

4 Fazit

Im vorliegenden Beitrag konnte gezeigt werden, dass kolonialzeitliche Übersetzungen des Konzepts *Seele* in spanisch-zapotekischen Evangelisierungswerken stets durch die Entlehnung von *anima* und niemals durch sein Synonym *alma* oder die Verwendung zapotekischer Begriffe erfolgt sind. Dies war zunehmend auch dann der Fall, wenn die entsprechenden Stellen des Ausgangstexts *alma* enthielten, was sich für das 16. Jahrhundert noch unregelmäßig beobachten lässt, im 17. Jahrhundert dann stark zunimmt und im 18. Jahrhundert schließlich als ausnahmslos etabliert betrachtet werden kann, sodass letztendlich beim Gebrauch von *alma* (Ausgangstext) und *anima* (Zieltext) eine klare Trennung nach Sprachen feststellbar ist. Dieser Vorgang führt zur Annahme, dass es sich hierbei um einen Normierungsprozess handelt, der weitere Beachtung verdient. Außerdem unterscheidet dieses Merkmal die Übersetzungen ins Zapotekische beispielsweise von solchen ins Nahuatl, die keine vergleichbare diachrone Entwicklung aufweisen (cf. Dedenbach-Salazar Sáenz/Ruhnau 2017: 199), sondern im Spanischen beide Lexeme verwenden, allerdings ebenfalls lediglich *anima* in die Zielsprache entlehnen.

Die sprachliche Trennung und die damit zusammenhängenden Entlehnungen, die dadurch gekennzeichnet sind, dass ein spanischer Begriff durch einen anderen spanischen Begriff ins Zapotekische *übersetzt* wird, rücken auch die Rolle des Ausgangstexts in den Fokus. Dessen Zustandekommen scheint insbesondere im Fall der *Doctrina* von Pacheco ein vielversprechender Untersuchungsgegenstand, da dieser nachweislich eine Reihe solcher Substitutionsprozesse vornimmt. Zudem gibt es unter anderem in diesem Werk in Form des wortfinalen -*s* Anzeichen dafür, dass neben den auf lexikalischer Ebene ablaufenden Veränderungen auch in morphologischer Hinsicht Transferprozesse stattfinden, die im Zusammenhang mit der Wahl des Lexems im Ausgangstext stehen könnten.

Diese Perspektiven legen nahe, dass die Ergebnisse der vorliegenden Untersuchung nur ein erster Schritt zum Verständnis der spanisch-zapotekischen Translationen in der Kolonialzeit sein können. Neben diesen offenen Fragen könnten weiterführende Untersuchungen zur Verwendung von *anima* und *alma* beispielsweise auf Basis der ebenfalls überlieferten notariellen und

juristischen Dokumente durchgeführt werden und die bisherigen Beobachtungen ergänzen.

Bibliographie

Primärquellen

Agüero, Cristóbal de. 1666. *Miscelaneo espiritual en el idioma zapoteco*. Mexico: Por la Viuda de Bernardo Calderon, en la calle de San Augustin.

Anunciación, Domingo de la. 1565. *Doctrina Christiana breue y compendiosa por via de dialogo entre vn maestro y vn discipulo, sacada en lengua castellana y mexicana*. Mexico: En casa de Pedro Ocharte.

Anunciación, Juan de la. 1575. *Doctrina christiana muy cumplida que contiene la exposicion de todo lo necessario para doctrinar a los Yndios, y administrar los Sanctos Sacramentos*. Mexico: 1575: En casa de Pedro Balli.

Córdova, Juan de. 1578. *Vocabulario en lengua çapoteca*. Mexico: Impresso por Pedro Charte, y Antonio Ricardo.

Feria, Pedro de. 1567. *Doctrina Christiana en lengua Castellana y Çapoteca*. Mexico: En casa de Pedro Ocharte.

León, Martín de. 1611. *Camino del cielo en lengua mexicana, con todos los requisitos necessarios para conseguir este fin, con todo lo que vn Christiano deue creer, saber, y obrar, desde el punto que tiene vso de razon, hasta que muere*. Mexico: En la Emprenta de Diego Lopez Daualos. Y a costa de Diego Perez de los Rios.

Levanto, Leonardo. 1776 [1732]. *Cathecismo de la doctrina christiana, en lengua zaapoteca*. Puebla: Por la Viuda de Miguel de Ortega y por su original en la Oficina Palafoxiana.

Martínez, Alonso. 1871 [1633]. *Manual breve y conpendioso, para enpezar a aprender Lengua Zapoteca y administrar en caso de necessidad*. Veracruz: Manuskript von Carl Hermann Berendt.

Molina, Alonso de. 1571. *Vocabulario en lengua castellana y mexicana*. Mexico: En casa de Antonio Spinosa.

-----. 1578. *Doctrina christiana, en lengua mexicana muy necessaria: en la qual se contienen todos los principales mysterios de nuestra Sancta Fee catholica*. Mexico: En casa de Pedro Ocharte.

Pacheco de Silva, Francisco. 1687. *Doctrina cristiana, traducida de la lengua castellana en lengua zapoteca nexitza. Con otras adiciones útiles y necesarias para la educación católica y excitación á la devocion cristiana*. Puebla: En la Imprenta Plantiniana de Diego Fernández de León.

-----. 1882 [1687]. *Doctrina cristiana, traducida de la lengua castellana en lengua zapoteca nexitza. Con otras adiciones útiles y necesarias para la educación católica y excitación á la devocion cristiana*. Oaxaca: La tipografía de L. San-German.

Ripalda, Gerónimo de. 1754 [1618]. *Catecismo, y exposición breve de la doctrina christiana*. Mexico: En la Imprenta del Nuevo Rezado, de Doña Maria de Ribera, en el Empedradillo.

Sekundärliteratur

Burkhart, Louise M. 2014. «The 'Little Doctrine' and Indigenous Catechesis in New Spain». In: *Hispanic American Historical Review*. Vol. 94, N° 2, 167-206.

Dedenbach-Salazar Sáenz, Sabine; Ruhnau, Elke. 2016. «‹Salvando las almas de los indios›: Los conceptos de ‹alma/ánima› en las lenguas coloniales náhuatl y quechua». In: Dedenbach-Salazar Sáenz, Sabine (ed.): *La transmisión de conceptos cristianos a las lenguas amerindias: Estudios sobe textos y contextos de la época colonial*. Sankt Augustin: Academia, 185-230.

Egío, José Luis. 2020. «Pragmatic or Heretic? Editing Catechisms in Mexico in the Age of Discoveries and Reformation (1539-1547)». In: Duve, Thomas; Danwerth, Otto (edd.): *Knowledge of the Pragmatici. Legal and Moral Theological Literature and the Formation of Early Modern Ibero-America*. Leiden/Boston: Brill Nijhoff, 243-281.

Lind, Michael. 2015. *Ancient Zapotec Religion. An Ethnohistorical and Archeological Perspective*. Boulder (Colorado): University Press of Colorado.

Pharo, Lars Kirkhusmo. 2018. *Concepts of Conversion. The Politics of Missionary Scriptual Translations*. Berlin/Boston: De Gruyter.

Ricard, Robert. 1986. *La conquista espiritual de México. Ensayo sobre el apostolado y los métodos misioneros de las órdenes mendicantes en la Nueva España de 1523-1524 a 1572*. México D.F.: Fondo de Cultura Económica.

Rodríguez, Lucía. 2014. «El catecismo de los concilios provinciales mexicanos en el contexto de la evangelización novohispana». In: Oesterreicher, Wulf; Schmidt-Riese, Roland (ed.): *Conquista y Conversión: Universos semióticos, textualidad y legitimación de saberes en la América colonial*. Berlin/Boston: De Gruyter, 181-192.

Schrader-Kniffki, Martina. 2004. *De acá para allá: lenguas y culturas amerindias 7. Introducción a la lengua y cultura zapotecas*. Valencia: Universitat de València.

Schrader-Kniffki, Martina; Klamp, Yannic; Kneifel, Malte. 2021. «Translationsstrategien in Texten der Evangelisierung und der indigenen Rechtsprechung in Neu-Spanien. Vergleichende Untersuchungen am Beispiel der Übersetzung des Konzepts der ‹Dreieinigkeit›». In: Toepfer, Regina; Burschel, Peter; Wesche, Jörg (edd.): *Übersetzen in der Frühen Neuzeit – Konzepte und Methoden*. Stuttgart: Metzler [im Druck].

Schrader-Kniffki, Martina; Yannakakis, Yanna. 2014. «Sins and crimes: Zapotec-Spanish translation in Catholic evangelization and colonial law in Oaxaca, New Spain». In: Zwartjes, Otto; Zimmermann, Klaus; Schrader-Kniffki, Martina (ed.): *Missionary Linguistics V / Lingüística Misionera V. Translation theories and practices. Selected papers from the Seventh International Conference on Missionary Linguistics, Bremen, 28 February – 2 March 2012*. Amsterdam et al.: Benjamins, 161-199.

-----. 2021. «Traducción y construcción verbal de ‹culpa› en textos judiciales del México colonial». In: *Parallèles*. Vol. 33, N° 1 [im Druck].

Tanck de Estrada, Dorothy. 1989. «Castellanización, política y escuelas de indios en el Arzobispado de México a mediados del siglo XVIII». In: *Historia Mexicana*. Vol. 38, N° 4, 701-741.

Thiemer-Sachse, Ursula. 1997. «El Vocabulario castellano-zapoteco y el Arte en lengua zapoteca de Juan de Córdova – intenciones y resultados (Perspectiva antropológica)». In: Zimmermann, Klaus (ed.): *La descripción de las lenguas amerindias en la época colonial*. Frankfurt am Main: Vervuert, 147-174.

Villavicencio Zarza, Frida. 2014. «Formas de percibir y nombrar nuevas realidades. El Dictionarito en lengua de Michuacan (1574) de Juan Baptista de Lagunas». In: Zwartjes, Otto; Zimmermann, Klaus; Schrader-Kniffki, Martina (edd.): *Missionary Linguistics V / Lingüística Misionera V. Translation theories and practices. Selected papers from the Seventh International Conference on Missionary Linguistics, Bremen, 28 February – 2 March 2012*. Amsterdam et al.: Benjamins, 131-159.

Wright Carr, David Charles. 2007. «La Política Lingüística en la Nueva España». In: *Acta Universitaria*. Vol. 17, N° 3, 5-19.

Zwartjes, Otto. 2014. «The missionaries' contribution to translation studies in the Spanish colonial period. The *mise en page* of translated texts and its function in foreign language teaching». In: Zwartjes, Otto; Zimmermann, Klaus; Schrader-Kniffki, Martina (edd.): *Missionary Linguistics V / Lingüística Misionera V. Translation theories and practices. Selected papers from the Seventh International Conference on Missionary Linguistics, Bremen, 28 February – 2 March 2012*. Amsterdam et al.: Benjamins, 1-50.

Internetquellen

Instituto Nacional de Estadística y Geografía (INEGI). 2020. «Lenguas indígenas y hablantes de 3 años y más».
http://cuentame.inegi.org.mx/hipertexto/todas_lenguas.htm (zuletzt eingesehen am 11.06.2021).

Janek Scholz (Köln)

Sérgio Zimbas Covid-19-Karikaturen im Kontext öffentlicher Gesundheitsfürsorge in Mosambik

The article deals with the educational comics of the Mozambican artist Sérgio Zimba, especially in the context of the current pandemic situation caused by Covid-19. First, comics from and comic research on Africa will be presented, especially in their repercussion within the German-language comics landscape. This will be followed by a discussion of the special situation in lusophone Africa, exemplified and illustrated by the works of the Mozambican cartoonist Sérgio Zimba. The article closes with a brief comparison of Zimba's work with the cartoons of Sérgio Piçarra from Angola, to better classify the artist's work.

Keywords: *Lusitanistik*; *Luso-Afrika*; *Mosambik*; *Comic Studies*; *Covid-19*; *Sérgio Zimba*;

1 Einführung

Als im Jahr 2020 auch außerhalb Chinas die ersten Fälle von COVID-19 auftraten, wurde schnell deutlich, dass es sich bei der durch den Erreger SARS-CoV-2 ausgelösten Erkrankung um eine weltweite Pandemie handeln würde. Um eine weitere Ausbreitung des Virus einzudämmen, verhängten zahlreiche Länder Maßnahmen, die stark in die bisherigen Lebensabläufe der Menschen eingriffen. Gleichzeitig wurden Informationskampagnen lanciert, um die jeweilige Landesbevölkerung über Verhaltensmaßnahmen zu informieren, mittels derer sich das Infektionsrisiko reduzieren lässt. Diese plötzlichen und gravierenden Einschnitte wurden in kurzer Zeit auch von Kunst und Literatur aufgegriffen und verarbeitet. So publizierte beispielsweise das *New York Times Magazin* bereits im Sommer 2020 das *Decameron Project* – eine Sammlung von kurzen Erzählungen aus aller Welt, die in direktem Zusammenhang mit der Pandemie stehen (New York Times 2020). An dem Projekt beteiligte sich auch der mosambikanische Autor Mia Couto. In seinem Text *An Obliging Robber* beschreibt er das plötzliche Eintreffen der neuen Realität in einem abgelegenen Teil Mosambiks, im Haus eines alten Mannes, der vom Weltgeschehen keine Notiz mehr nimmt. Dem Protagonisten gelingt es nicht, den Mann, der vor ihm steht, um sein Fieber zu messen, als das einzuordnen, was er ist: ein Beamter der staatlichen Gesundheitsbehörde. Auch bei den zahlreichen anderen Krankheiten, durch die seine Familienmitglieder fast oder tatsächlich verstorben sind – Pocken, Tuberkulose, Malaria, Aids – kam nie ein Beamter der staatlichen Ordnung, um nach den Kranken zu sehen oder ihnen Hilfe zu schicken. Es könne sich also nur um einen Scherz handeln, eine Maskerade, eine Verwechslung (cf. New York Times 2020: 197-200).

Der Mosambikaner Sérgio Zimba, ein Comic-Künstler, der seine Karikaturen hauptsächlich in Tages- oder Wochenzeitungen veröffentlicht, hat sich ebenfalls bereits sehr frühzeitig mit dem neuen Virus beschäftigt. In seinen Zeichnungen bettet er – ähnlich der Erzählung Mia Coutos – die durch COVID-19 entstandene neue Normalität in die mosambikanische Lebenswirklichkeit ein und konfrontiert dabei die offiziellen Verhaltensnormen mit der individuellen Auslegung dieser Regularien durch seine Landsleute. Durch den humoristischen Effekt, den dieser Kontrast erzeugt, erhalten seine Comics sowohl eine unterhaltsame als auch eine bildende Funktion in einem Land, in dem gerade außerhalb der großen Metropolen der Zugang zu Informationen vor allem für die ältere Bevölkerung noch immer eine Herausforderung darstellt. Im folgenden Text sollen Zimbas Comics daher als Informationsmedium im Kontext öffentlicher Gesundheitsfürsorge verstanden werden, anknüpfend an seine Arbeiten zu HIV und Aids. Um das Schaffen des Künstlers besser einordnen zu können, wird zunächst ein Blick auf Comics aus und Comicforschung über Afrika geworfen, vor allem in ihrer Reperkussion innerhalb der deutschsprachigen Comiclandschaft, bevor anschließend auf die besondere Situation im lusophonen Afrika eingegangen werden soll, beispielhaft illustriert anhand der Zeichnungen Zimbas.

2 Comics aus und Comicforschung über Afrika

In der deutschen Comiclandschaft sind afrikanische Länder nur selten vertreten. Gibt man auf der Seite des deutschen Verlagshauses Avant, eines der größten hiesigen Häuser für deutschsprachige und internationale Comics, das Suchwort *Afrika* ein, so erscheint zunächst Joann Sfars Reihe *Die Katze des*

Rabbiners, in der zwar die Geschichte der titelgebenden Katze eines algerischen Rabbiners erzählt wird, der Autor jedoch ist Franzose. Ein zweites Buch, das als Resultat der kurzen Suche genannt wird, ist *Papa in Afrika* des Südafrikaners Anton Kannemeyer, in dem der Autor den Rassismus der Tim und Struppi Reihe persifliert.[1] Bei anderen Verlagen sieht die Situation nicht besser aus, so führt die gleiche Suche bei Schreiber und Leser zu italienischen Comics um Corto Maltese[2] und bei Carlsen zu französischen Comics um Spirou und Fantasio,[3] beide im Stil vergangener *Kolonialromantik*. Einzig der Verlag Reprodukt führt einen Comic der ivorischen Zeichnerin Marguerite Abouet.[4] *Aya* ist in Zusammenarbeit mit dem Franzosen Clément Oubrerie entstanden und beschreibt das Leben in der Elfenbeinküste, genauer gesagt in der Metropole Abidjan. Comics aus dem lusophonen Afrika sind bei keinem der deutschen Comicverlage anzutreffen, allerdings hat sich die deutsche Comiczeichnerin Birgit Weyhe mit mosambikanischen Gastarbeiter*innen in der DDR beschäftigt. Ihr Comic *Madgermanes* liegt im Avant Verlag vor.[5]

Innerhalb der deutsch- und englischsprachigen Comicforschung fällt die Diagnose nicht grundlegend anders aus: In Kooperation mit den Basler Afrika Bibliographien und der Universität Basel wurde 2015 eine Ausstellung über den afrikanischen Comic kuratiert, die in den Ausstellungkatalog *Kaboom!* – *Afrikanische Comics im Fokus* mündete, der 2020 in einer zweiten, gänzlich überarbeiteten Neuauflage erschienen ist (Lüthy/Ulrich/Uribe 2020). Elf Jahre zuvor brachte Johan A. Lent einen englischsprachigen Sammelband mit dem Titel *Cartooning in Africa* (Lent 2009) heraus; beide Bücher thematisieren zumindest am Rande auch Comics aus Angola und Mosambik. Dieses geringe Interesse am afrikanischen Comic im Allgemeinen und am lusoafrikanischen Comic im Besonderen steht einer intensiven Vernetzung mosambikanischer und vor allem angolanischer Comiczeichner*innen entgegen, sei es im Rahmen

---

1 https://www.avant-verlag.de/ (zuletzt eingesehen am 12.11.2020). Für Oktober 2021 ist im Avant Verlag der Comic «Lagos – Leben in Suburbia» von Elnathan John und Àlàbá Ònájin angekündigt.
2 https://www.schreiberundleser.de/ (zuletzt eingesehen am 12.11.2020).
3 https://www.carlsen.de/ (zuletzt eingesehen am 12.11.2020).
4 https://www.reprodukt.com/aya (zuletzt eingesehen am 10.10.2020).
5 Cf. zu Weyhes *Madgermanes* Scholz (2018).

der jährlichen Messe Luanda Cartoon, sei es im Rahmen gemeinsamer Anthologien wie das Fanzine BDLP (*Banda desenhada de língua portuguesa*), von dem zwischen 2010 und 2015 fünf Hefte erschienen sind.[6] Die erwähnte Messe *Luanda Cartoon* findet in Angola statt, wo sich eine beachtliche Comic-Szene etabliert hat, vor allem um das Studio Olindomar, ein Verlagshaus der Brüder Olímpio und Lindomar de Sousa. In den Heften der BDLP-Reihe sind Comics portugiesischer, brasilianischer, angolanischer, mosambikanischer und caboverdianischer Künstler*innen vorzufinden.

3 Sachcomics als Bildungsmedium in Angola und Mosambik

Comics und Cartoons waren in Angola und Mosambik jedoch lange kein Unterhaltungsmedium, sondern vielmehr ein Mittel, um die Bevölkerung zu informieren, und zwar insbesondere während des Kampfes um die Unabhängigkeit von der portugiesischen Kolonialmacht. So veröffentlichte in Angola beispielsweise die MPLA (*Movimento Popular de Libertação de Angola*) einen Comic, der die Bevölkerung zum geschlossenen Kampf gegen die Besatzer motivieren sollte. Das Album trägt den Titel *From Slavery to Freedom: A Story from Angola* und zeigt anhand der Geschichte zweier Jugendlicher, dass man vereint durchaus gegen die als übermächtig empfundenen Besatzer ankommen kann, dass es dafür aber neben Mut und Kampfgeist auch hinlängliche Bildung in lokaler Geschichte und sozialistischer Theorie bedarf (cf. Mantlo 2009). Auch in Mosambik wurden Comics zur Zeit der Unabhängigkeit eingesetzt, um die Bevölkerung im Sinne der Partei zu bilden. So wurde eine Figur geschaffen, die allen Ideen der Revolution entgegenstand: Xiconhoca. Dieser *Feind der Revolution* fand sich in Magazinen, auf Flugblättern und Postern und sollte in seiner parodistischen Umkehr revolutionärer Werte die Bevölkerung zu einem Verhalten im Sinne der Ideale der Partei FRELIMO (*Frente de Libertação de Moçambique*) veranlassen.[7]

---

[6] Cf. zum Projekt *BDLP* Scholz (2016).
[7] Cf. zu Xiconhoca Lüthy/Ulrich/Uribe (2020: 106-107) sowie Meneses (2015).

Es scheint auf den ersten Blick wenig verwunderlich, dass der Comic als Medium zur Bildung der Massen herangezogen wurde, lag doch vor 40 Jahren die landesweite Alphabetisierungsrate in Mosambik bei durchschnittlich 27%, wobei nur 12% der Frauen alphabetisiert waren und etwa 44% der Männer. Selbst im Jahr 2017 erreichte die Alphabetisierungsrate nur circa 60,7%, wobei eine leichte Angleichung der Werte von Männern (72,6%) und Frauen (50,3%) auszumachen ist. Bei Jugendlichen zwischen 15 und 24 ist diese Annäherung sogar noch stärker ausgeprägt, hier sind 77,3% der Männer und 65,5% der Frauen alphabetisiert (cf. UNESCO o.J.). Der Comic wirkt in diesem Zusammenhang wie ein niederschwelliges Kommunikationsmedium, das ein Verständnis der beschriebenen Situation ermöglicht, auch ohne der portugiesischen Schriftsprache mächtig zu sein. Dabei wird jedoch übersehen, dass gerade die Interaktion zwischen Text und Bild, wie sie für Comics zentral ist, das Komplexitätsniveau eher erhöht, die Comiclektüre also gesonderte Kompetenzen erfordert.

Die vergleichsweise geringe Alphabetisierungsrate, die Mosambik noch immer prägt, ist jedoch zweifellos einer der Gründe, warum Sachcomics gegenüber Unterhaltungscomics deutlich überwiegen.[8] Wenn das Bild oder die Bildfolge klar gezeichnet ist, ist zumindest ein grundlegendes Verständnis auch ohne das Hinzuziehen des Textes möglich, zumal es sich bei den Sachcomics in der Regel um ein bis zwei *panels* handelt. Ein weiterer zentraler Grund für die geringe Zahl von Unterhaltungscomics ist in der Verlagslandschaft zu sehen. Packalén (2009) weist beispielsweise auf die reduzierten Möglichkeiten zur Veröffentlichung von Comics und Cartoons hin, die in Mosambik dazu führen, dass sich nicht mehr junge Zeichner*innen am Markt positionieren können (cf. ibid.: 190).[9] So berichtet er beispielsweise von einem Besuch in Maputo, im Rahmen dessen ihm zahlreiche Arbeiten junger Künstler*innen vorgestellt wurden und stellt sogleich ernüchtert fest, dass «the artists have been unable to get anyone to publish them, as their commercial viability is uncertain» (ibid.: 194). Einen dritten Grund für die geringe Verbreitung selbst von Sachcomics sieht der Autor in der reduzierten Erfahrung von NGOs in der Nutzung von Comics als Werkzeug für die öffentliche Bildung sowie die

---

8 Cf. dazu auch Lüthy/Ulrich/Uribe (2020: 78).
9 Cf. dazu auch Lüthy/Ulrich/Uribe (2020: 109-110).

137

fehlende Organisation in der Vermarktung des Könnens der Künstler*innen auf der einen und des Mediums selbst auf der anderen Seite.

4   Zur Definition von Sachcomics

Bevor nun auf die Sachcomics des Mosambikaners Sérgio Zimba eingegangen werden soll, ist ein kurzer Exkurs zu definitorischen Fragen nötig. Was ist eigentlich gemeint, wenn von Sachcomics die Rede ist und lässt sich ein Beginn der Vermittlung von Wissen über das Medium Comic ausmachen? Urs Hangartner schreibt in dem von ihm gemeinsam mit Felix Keller und Dorothea Oechslin veröffentlichten Sammelband *Wissen durch Bilder*, dass ein erstes Aufkommen sogenannter Sachcomics in den 1940er Jahren in den USA zu beobachten sei. Es seien zahlreiche Comics mit «volkspädagogischer Absicht» erschienen (Hangartner 2013: 20), einerseits zur Persönlichkeitsbildung, andererseits um technische Abläufe zu illustrieren und somit eine breite Masse in kurzer Zeit in diesen Abläufen zu schulen. Dem stehen Sachcomics der heutigen Zeit gegenüber, die den Versuch vollziehen, eher abstraktes Wissen zu verbildlichen und über diesen Weg zu vermitteln. In der Tat beziehen sich die Herausgeber*innen des erwähnten Sammelbandes auf eine aktuelle europäische Situation, wenn sie schreiben:

> Die Hoffnungen, die sich mit den Sachcomics als Mittel für die Wissensverbreitung verbinden, sind evident: dass die unmittelbar einleuchtende Kraft der Bilder in Verbindung mit guten Geschichten neue Möglichkeiten bietet, Wissen in medial gesättigten und kulturell diversen Gesellschaft [sic!] auf anregende und erfolgreiche Weise zu vermitteln (Hangartner/Keller/Oechslin 2013: 7).

Wie bereits gezeigt werden konnte, ist die Motivation, in Mosambik mit Sachcomics zu arbeiten, einer gänzlich anderen Ausgangslage geschuldet, sodass man den betreffenden Text allgemeiner definieren sollte als ein «Sonderbereich innerhalb des Mediums, wo sich Wirkungsabsichten des ‹Edukativen› ausmachen lassen» (Hangartner 2013: 14). Sachcomics wollen, so der Autor «informieren, vermitteln, anleiten etc. und darüber hinaus emotionale Affekte schaffen» (ibid.: 15).[10]

Will Eisner unterscheidet in *Comics and Sequential Art* zwischen zwei verschiedenen Arten von Comics mit erläuternder/bildender Funktion: *Technical Instructional Comics* seien solche, «in which the procedure to be learned is shown from the reader's point of view» (2008: 153), wohingegen *Attitudinal Instruction Comics* eher abzielten auf eine «identification, evoked by the acting out or dramatization in a sequence of pictures» (id.). Der erste Typ erläutert die Schrittfolge konkreter Handlungen, die bereits von vornherein einen Prozesscharakter in sich tragen, der zweite Typ möchte über die Darstellung teilweise parodistisch überzeichneter Szenen eine bestimmte Haltung seitens der Lesenden gegenüber einer bestimmten Aufgabe hervorrufen. Dass dies nicht selten über Übertreibung gelingt, schreibt Eisner an zwei Stellen: «the broad generalization of artwork permits exaggeration, which can more quickly make the point and influence the reader» (ibid.: 155) sowie

> In the case of a purely instructional comic, particularly in the case of a behavioural or attitudinal piece [...], the specifics of the information are frequently overly larded with humor (exaggeration) to attract the reader's attention, convey relevance, and set up visual analogies and recognizable life situations. This inserts entertainment into a technical work (ibid.: 147).

5   Zimbas Karikaturen im Kontext der Covid-19-Pandemie

Betrachtet man nun die Arbeit Zimbas, so werden eben jene Aspekte, die Eisner in vorstehendem Zitat anspricht, augenscheinlich, d.h. humoristische Überzeichnung, um Aufmerksamkeit zu generieren, Relevanz zu verschleiern und um visuelle Analogien zu bekannten Situationen aus dem eigenen Leben herzustellen. Sérgio Zimba wurde 1963 in Moamba, im Hinterland von Maputo, Mosambik, geboren. Seit den 1980er Jahren arbeitet er als Zeichner

---

10 Die Sachcomics, um die es in diesem Text geht, sind zudem deutlich vom Begriff der *Bildungscomics* abzugrenzen, bei dem es «qua Comic um die Vermittlung von im bildungsbürgerlichen Kontext kanonisierten literarischen Werken geht» (Hangartner 2013: 15).

und Karikaturist für das *Jornal Domingo*, außerdem erschienen bislang acht Bücher mit seinen Zeichnungen, namentlich: *Riso Pela Paz* (1993), *Lágrimas de Riso* (1995), *Mafenha* (1999), *Declaração Universal dos Direitos Humanos* (2005), *Ri Amor* (2006), *Introdução do Metical da Nova Família* (2007), *As Camisinhas* (2011).

Abb. 1[11]

Bereits in seinem 2011 erschienenen Buch *As Camisinhas* (Abb. 1) nutzt Zimba eine gestalterische Strategie, die er neun Jahre später, im Kontext der Covid-19 bedingten Pandemie, wieder aufgreifen wird: Im oberen Teil des Panels ist ein kurzer Informationstext zu lesen, der in schriftsprachlichem Portugiesisch und nüchtern-sachlichem Duktus auf das korrekte Verhalten hinweist. Darunter öffnet sich die Darstellung einer Situation, in der das zuvor Gesagte persifliert wird.

Im zitierten Beispiel (Abb. 2) lautet der Informationstext wie folgt: «Präservative, oder auch Kondome, sind sehr empfindliche Produkte. Sie haben ein Ablaufdatum und dürfen nur ein einziges Mal benutzt werden».

---

[11] Facebook: Sérgio Zimba; 04.03.2012.
https://www.facebook.com/SergioZimbaPO/photos/a.322151004500070/322151007832215/ (zuletzt eingesehen am 10.10.2020).

Diese Erläuterung wird sodann kontrastiert mit einer Szene, in der eine Frau gebrauchte Kondome feilbietet. Sie sagt: «Gebrauchte Kondome zu verkaufen, 4 Stück für 500 Meticals». Verstärkt wird der Kontrast zwischen beiden Sprechakten auch durch die Wahl der Sprache. Während die offizielle Verlautbarung in korrektem Portugiesisch wiedergegeben wird, verwendet die Marktfrau eine Umgangssprache, in der sich portugiesische Elemente mit lokalen Bantu-Sprachen vermischen, wodurch eine Identifikation seitens der Leser*innen evoziert wird.[12]

Abb. 2[13]

Das Panel schließt am unteren Bildrand mit einem Kommentar (der Erzählers?), der unter Bezugnahme auf die dargestellte Szene ernüchtert feststellt: «Hoppla, wenn diese Mode um sich greift, sind wir gelinkt; aber was wird in diesem Land eigentlich nicht verkauft?». Der Kommentar des Sprechers bringt beide Ebenen gewissermaßen zusammen, da er das Verhalten der Frau einerseits als falsch einordnet, andererseits aber zu erkennen gibt, dass auch er

---

12 Zur Verwendung der Bantu-Elemente in Zimbas Comics, cf. Arakaki (2017).
13 ma-schamba.blogs.sapo.pt; 04.04.2012.
  https://fotos.web.sapo.io/i/o8613f98b/14584520_QZiyH.jpeg (zuletzt eingesehen am 10.10.2020).

ein Bewohner Mosambiks ist und sich in der sozialen Realität bestens auskennt. Außerdem enthält seine Rede mündliche Elemente, und steht somit den Leser*innen näher als die offizielle schriftsprachliche Verlautbarung am oberen Bildrand. Vor allem durch diese finale Brücke zwischen beiden Horizonten wird die aufklärende/bildende Funktion des Cartoons erreicht. Diese Strategie findet auch in weiteren Panels des Albums ihren Ausdruck. Es ist wichtig, deutlich darauf hinzuweisen, da Zimba in anderen Kontexten, wie beispielsweise der gesellschaftskritischen Reihe *Mafenha* gänzlich auf Bildüber-/-unterschriften verzichtet.

Nachfolgend sollen jedoch jene Zeichnungen eine genauere Betrachtung erfahren, die Zimba im Verlauf der frühen Corona-Pandemie erstellt hat. Von seinen 24 Cartoons, die seit Ende April im *Jornal Domingo* veröffentlicht wurden, beschäftigen sich 12 mit Corona. Dazu kommen fünf weitere, die online zu finden sind, deren genauer Ursprung jedoch nicht gänzlich zu klären ist. In den Zeichnungen thematisiert Zimba das Akronym COVID, die Schutzmaßnahmen, dank derer die Ansteckungszahlen reduziert werden können (das Tragen einer Schutzmaske, *social distancing*, regelmäßiges Händewaschen und die Vermeidung von Kontakten) sowie die Folgen eines Lebens in häuslicher Quarantäne. Bereits am 23. März 2020 wurden in Mosambik die Schulen geschlossen und Versammlungen mit mehr als 50 Personen untersagt, ab 1. April 2020 galt der Ausnahmezustand, der letztlich bis 29. Juli 2020 andauern sollte; anschließend fand eine allmähliche Öffnung in drei Phasen statt (cf. Wikipedia).

Gerade im April scheinen die Bilder in besonderem Maße auf eine Unterstützung der allgemeinen Moral während der Restriktionen abzuzielen, die ab 1. April 2020 galten. Die beiden dargestellten Comics veranschaulichen diese Schwerpunktsetzung: In Abb. 3 sind zwei Gefängnisinsassen zu sehen, die erbost darüber sind, dass sich auch außerhalb des Gefängnisses Menschen das Recht herausnehmen, sich zu Hause einzuschließen. Hier wird humoristisch mit einer Umdeutung der Strafe als Privileg gearbeitet, und einer daraus resultierenden besonderen Wertschätzung derselben. Eine Kopie dieses vermeintlichen Privilegs durch Personen, die nicht rechtmäßig dazu verurteilt wurden, empfinden die beiden Zellengenossen als Anmaßung und diskutieren über eine mögliche strafrechtliche Verfolgung. Am unteren Bildrand ist erneut die vermittelnde Stimme des Erzählers zu lesen: «Liebe Mitbürger, lasst euch nicht einschüchtern von diesen beiden da. Schließt euch gut, und zwar sehr gut, in eure Häuser ein!».

Abb. 3[14]

Weniger humoristisch, dafür aber mit ausgeprägter Empathie, arbeitet ein weiterer Cartoon (Abb. 4), der für die Einhaltung der häuslichen Quarantäne wirbt. Ein junger Mann liegt lächelnd im Bett und träumt davon, wie er in einer Bar mit einer jungen Frau spricht, die ihn offensichtlich anhimmelt: «Du bist der Größte, mein Betinho!». Neben dem Bett steht eine ältere Frau, möglicherweise seine Mutter, die sich fragt, was dieses Grinsen ihres träumenden Sohnes zu bedeuten habe. Da sie ihn als Schuft bezeichnet, ist davon auszugehen, dass sie die Art des Traumes korrekt erahnt. Am unteren Bildrand greift erneut der Erzähler in das Geschehen ein und teilt verständig mit: «Bleibt zu Hause mit der Familie, meine Lieben! Das Jahr hat noch viele Freitage, um Spaß zu haben».

---

[14] *Jornal Domingo*, ohne Datum.
https://www.jornaldomingo.co.mz/media/k2/items/cache/13992e3655df11a16b5917 3bf43feff0_XL.jpg (zuletzt eingesehen am 10.10.2020).

Abb. 4[15]

Während die beiden beschriebenen Panels recht allgemein für die staatlichen Corona-Maßnahmen werben, thematisiert Zimba auch sehr konkrete Probleme des Alltags in der Quarantäne, beispielsweise die Knappheit von Nahrungsmitteln. Wiederholt ruft er in seinen Zeichnungen zu einem sparsamen Umgang mit Lebensmitteln auf, da sonst alternative Lösungen gefunden werden müssen, die möglicherweise den Rest der Familie überraschen. So greift im Comic vom 14. April 2020 der alte Mathusse, ein pensionierter Krankenpfleger, auf Kochsalzlösung zurück, die er – zusammen mit Kanülen und Schläuchen – zu Hause hortet, für den Fall, dass seine Lebensmittelvorräte aufgebraucht sind, bevor die Quarantäne endet. Ein anderer Familienvater ist bereits in der Situation, dass sowohl die gekauften Nahrungsmittel als auch sein verfügbares Geld verbraucht sind und er nun verzweifelt nach einem Weg sucht, seine Familie zu ernähren. Eine vorbeilaufende Katze bringt ihn auf die Idee, diese zu schlachten und der Familie mitzuteilen, dass er das Fleisch frisch vom Metzger geholt habe. Diese Idee wird vom Erzähler ironisch kommentiert mit den Worten: «Verdammtes Coronavirus! Nun verändert es schon die

---

15 *Mozentretenimento*; 14.04.2020.
https://mozentretenimento.co.mz/sergio-zimba-sente-se-excluido-das-artes-no-pais/(zuletzt eingesehen am 10.10.2020).

Ernährung ganzer Familien» sowie einem neuerlichen Aufruf zur sparsamen Verwendung von Lebensmitteln.

Ab Mai 2020 zielen die Zeichnungen dann nicht mehr so stark auf die häusliche Quarantäne ab, sondern auf den korrekten Umgang mit dem Virus, wie die beiden abgebildeten Comics illustrieren. Der erste Comic (Abb. 5) zeigt einen Mann in seinem Vorgarten, wo ein großer Eukalyptus-Baum steht, der jedoch keine Blätter mehr trägt. Der Mann beschwert sich bei einem anderen Mann, der eine Uniformhose, eine Mütze und eine Waffe trägt, dass am Abend des Vortrags noch alle Blätter am Baum gewesen wären. Der bewaffnete Mann entgegnet ihm entsetzt: «Was? Diese Lausebengel! Ich werde sie erschießen!». Der Dialog wird erst durch die Kopfzeile verständlich, in der der Erzähler die Szene situiert. Er schreibt, dass viele Menschen den Glauben hätten, dass ein frischer Atem durch Eukalyptusblätter eine Form sei, dem Coronavirus vorzubeugen. Dies könnte zu Szenen wie der abgebildeten führen, sei jedoch falsch. Am unteren Bildrand wird der Irrglaube korrigiert, indem der Erzähler klarstellt: «Liebe Mitbürger, benutzt in Ballungsgebieten und im öffentlichen Nahverkehr eure Masken. Sie beugen einer Ansteckung vor». Weitere Maßnahmen gegen das Virus, wie beispielsweise das regelmäßige Händewaschen, werden an anderer Stelle thematisiert.

Abb. 5[16]

---

[16] *Mozentretenimento*, 14.04.2020.

In einem Comic (Abb. 6), der Ende Mai 2020 erschien, ist ein Ehepaar abgebildet, wie es abendlich zu Bett geht. Die Frau liegt bereits im Bett, der Mann möchte ihr nachkommen. Doch bevor er dies tun kann, weist sie ihn wortlos darauf hin, dass er die neben dem Bett stehende Waschgelegenheit nutzen soll, um seine Hände vor dem Schlafengehen gründlich zu reinigen. Erneut erläutert die Bildunterschrift das Geschehen und situiert die Abbildung in den größeren Kontext eines immer nachlässiger werdenden Umgangs mit den Schutzmaßnahmen.

Abb. 6[17]

Zu jenen Schutzmaßnahmen gehört auch das gegenseitige Abstandhalten, das oft mit dem englischen Begriff des *social distancing* bezeichnet wird. Auf dieses geht Sérgio Zimba in den beiden nachfolgend abgebildeten Zeichnungen auf humorvolle Weise ein. Abb. 7 zeigt einen Mann, der die Forderung nach Abstand nutzt, um zu begründen, warum er auf die von ihm so verhassten

---

https://mozentretenimento.co.mz/sergio-zimba-sente-se-excluido-das-artes-no-pais/(zuletzt eingesehen am 10.10.2020).

[17] *Jornal Domingo*; 30.05.2020.
https://www.jornaldomingo.co.mz/index.php/desporto/item/13913-editorial-tudo-depende-de-nos (zuletzt eingesehen am 10.10.2020).

Duschbäder verzichtet. Tatsächlich ist nur die Stimme der Frau zu lesen, die jedoch indirekt auch die Worte des Mannes zusammenfassend wiedergibt: «Haha, von wegen Doktor Rosa Marlene hat gesagt, dass auch eine Abstandsregelung vom Badewasser notwendig ist. Glaubst du, du kannst mich veräppeln, Victor? Geh sofort unter die Dusche! Schämst du dich etwa nicht?». Während die Bildüberschrift die Situation einführend erläutert, dient die Bildunterschrift einmal mehr dazu, die Bürger*innen Mosambiks zu korrektem Verhalten im Umgang mit der Pandemie aufzufordern: «Der Mangel an *social distancing* ist weiterhin die Achillesferse bei der Vermeidung von Covid-19 im Land. Liebe Mitbürger, vermeidet Zusammenkünfte zum Wohlergehen aller».

Abb. 7[18]

Ähnlich humoristisch ist Abb. 8 gestaltet, auf dem eine junge Frau ein Opossum (bzw. Gamba) aus Mato Grosso spazieren führt. Auch in diesem Bild geht es darum, dass die Verhaltensregeln zum Schutz vor dem Coronavirus zunehmend missachtet würden und somit einzelne Personen zu radikalen

---

[18] *Jornal Domingo*; 23.05.2020.
https://www.jornaldomingo.co.mz/media/k2/items/cache/625e9da86277f4e27f649d
ebe2658561_M.jpg (zuletzt eingesehen am 10.10.2020).

Maßnahmen greifen müssten, um sich selbst zu schützen. Dass es sich bei einem Opossum um ein Tier handelt, dass einen üblen Geruch ausstößt, der dazu führt, dass sich alle Menschen schleunigst entfernen, wird in einer Fußnote erläutert. Der einleitende Text schließt mit der rhetorischen Frage des Erzählers «Wird es jetzt wirklich notwendig sein, Gambas zu importieren?», die in der Bildunterschrift aufgegriffen wird, mit dem Hinweis, dass er ausreichen würde, das *social distancing* einzuhalten, als eine Form, dem Coronavirus vorzubeugen.

Abb. 8[19]

Schließlich thematisiert Zimba auch den Umgang mit Gerüchten und Fake News rund um die Pandemie und korrigiert diese in seinen Zeichnungen. So ist im Comic vom 2. Mai 2020 (Abb. 9) ein Mann zu sehen, der eine Gruppe junger Menschen anmahnt, sofort nach Hause zu gehen und diese Mahnung damit begründet, dass COVID für eine Entscheidung stehe zwischen dem Tod und dem Leben: «Meine Kinder, wisst ihr eigentlich, was COVID ist? Hört nur,

---

19 *Jornal Domingo*, 27.06.2020.
https://www.jornaldomingo.co.mz/index.php/sociedade/item/14071-cartoon-de-sergio-zimba (zuletzt eingesehen am 10.10.2020).

was Professor Langa sagt: Covid ist ein durch Agglutination zusammen-
gesetztes Wort. CO steht für cova (Grab) und VID für vida (Leben). Wollt ihr
das Grab oder das Leben? Geht jetzt sofort nach Hause! Bande unbewaffneter
Aufständischer!». Diese falsche Erläuterung wird in der Bildunterschrift korrigiert, verbunden mit dem Aufruf, pflichtbewusst die Regeln des Ausnahme-
zustands zu befolgen.

Abb. 9[20]

Im Unterschied zu den Comics zur Einschränkung der Ausbreitung des HI-
Virus im Land, in denen die Bildüberschrift eine offizielle Verlautbarung
wiedergibt, ist in den Comics zu Covid-19 eine veränderte Strategie erkennbar.
Statt offizieller Verlautbarungen führt die Bildüberschrift nun stärker in die
Situation ein, arbeitet erklärend und ist oftmals von einem wertenden und
ironischen Unterton geprägt. Die Bildunterschrift übermittelt schließlich in
einem nüchtern-sachlichen Stil die korrekten Verhaltensregeln oder Informationen rund um die Pandemie. Wie schon in den früheren Gesundheitscomics,

---

[20] *Jornal Domingo*; 02.05.2020.
https://www.jornaldomingo.co.mz/index.php/sociedade/item/13754-cartoon-de-
sergio-zimba (zuletzt eingesehen am 10.10.2020).

so gibt sich der Kommentator auch in den aktuellen Produktionen als ein einfacher Bürger Mosambiks zu erkennen, dem die Sorgen und Nöte der breiten Masse bekannt sind, er diese vielleicht sogar selbst empfindet, der aber dennoch zu einem reflektierten und vernünftigen Verhalten aufruft. In den vorliegenden Comics wird dies deutlich erkennbar durch die Ansprache «Meine Lieben» oder «Liebe Mitbürger», die in fast jedem der ausgewerteten Comics verwendet wird. Diese evozierte Nähe zu den Leser*innen schafft unter Umständen eine größere Bereitschaft, den den Bildern eingeschriebenen Apellen zu folgen.

6 Schlussfolgerung

Zusammenfassend lässt sich feststellen, dass Sérgio Zimba eine zentrale Rolle einnimmt, wenn es darum geht, in einer epidemischen oder pandemischen Situation die Bürger*innen Mosambiks über staatliche Verhaltensnormen und den korrekten Umgang mit der Bedrohung zu informieren. Seine Comics sind äußerst beliebt und erreichen eine Vielzahl von Personen. Dennoch beklagt Zimba das geringe Interesse an Comics im Allgemeinen und an seiner Arbeit im Besonderen. In Interviews hat er sich in jüngster Zeit mehrfach dazu geäußert, dass seine Arbeit eine zu geringe Wertschätzung erfahre (cf. Pedro 2020). Obwohl er als der größte Karikaturist des Landes bezeichnet werde, schlage sich dieser Titel nicht in künstlerischer und monetärer Anerkennung nieder und seine Bilder würden – im Gegensatz zu Musikstücken – nicht für öffentliche Sensibilisierungskampagnen verwendet (cf. Mahumana 2020). Auch in der Werbung würden seine Bilder nicht verwendet, obwohl sie sich einer ausgesprochenen Beliebtheit erfreuen, so Zimba. Der Cartoon als Kunstform werde in Mosambik von kulturellen Institutionen weitgehend ignoriert, so der Künstler, was sich darüber zeige, dass auf nationalen Kulturfestivals keine Comic-Künstler*innen eingeladen werden und dass Cartoons oftmals weder in Zeitungen noch in sonstigen Kommunikationsmitteln anzutreffen seien, höchstens als ein Anhängsel anderer, vermeintlich wichtigerer Inhalte (cf. Pedro 2020).

Zimba greift dieses vermeintlich geringe Interesse an Comics und die mangelnden Lesegewohnheiten bzw. fehlenden Routinen im Umgang mit dem Medium in seinen Zeichnungen auf. So leiten gelegentlich kleine Pfeile die Leser*innen durch die verschiedenen Sprechblasen, um die Reihenfolge zu zeigen, in der die Texte gelesen werden sollen. Auch kleine ergänzende Hinweise im Stil einer Regieanweisung bleiben nicht aus, um deutlich zu machen, ob ein Satz laut und damit für alle hörbar, oder eher leise im Selbstgespräch geäußert wurde. Beides illustriert das abgedruckte Beispiel (Abb. 10) auf anschauliche Weise.

Abb. 10[21]

Was den Zeichenstil betrifft, so kann eher von einer realistischen als von einer ikonisch-abstrahierenden Darstellung der Figuren gesprochen werden. Diese führt tendenziell dazu, dass sich die Leser*innen weniger stark mit den abgebildeten Figuren identifizieren (cf. McCloud 1994: 46), die Situationen als weniger universell, sondern vielmehr als spezifisch wahrgenommen werden. Diese stilistische Entscheidung ist in Anbetracht des humoristischen Umgangs mit der bildenden Funktion der Zeichnungen durchaus zielführend, da sich die

---

[21] *Jornal Domingo*; 26.09.2020.
https://www.jornaldomingo.co.mz/index.php/component/k2/item/14528-cartoon-de-sergio-zimba (zuletzt eingesehen am 10.10.2020).

abgebildeten Personen mehrheitlich falsch verhalten, eine Identifikation seitens der Leser*innen also gar nicht erwünscht ist. Indem das dargestellte Verhalten humorvoll als falsch entlarvt wird, sollen sich die Leser*innen von den Personen im Bild abgrenzen und entweder stolz auf ihr ohnehin korrektes Verhalten blicken, oder – wenn sie sich trotz alledem in der gezeichneten Situation auch selbst wiedererkennen – ihr bisher falsches Verhalten bereitwillig korrigieren. Wie schon Eisner in den Kriegsjahren mit GI Joe Dope einen Antihelden schuf, dem alles misslingt, so schafft auch Zimba einen «Depp, dem alles schiefläuft, und der, didaktisch wertvoll, an seinem Exempel des Versagens das Richtige lernt» (Hangartner 2013: 27).

Ein kurzer Blick nach Angola kann hilfreich sein, um die Zeichnungen Zimbas noch besser zu kontextualisieren. Ein angolanischer Karikaturist, der seine Zeichnungen ebenfalls in Tageszeitungen veröffentlicht und sich großer Bekanntheit und Beliebtheit erfreut, ist Sérgio Piçarra. Beide Künstler zeigen in ihren Karikaturen Figuren, die sich in der aktuellen Pandemiesituation falsch verhalten, vermitteln also über einen ironischen Bruch ihre kritische Botschaft. Piçarra bedient sich für seine Kritik einer festen Figur, die sich die marode wirtschaftliche und politische Situation zu Nutze macht und kritische Fragen an Beamte der Exekutive nicht scheut: *Mankiko o imbumbável*, zu Deutsch etwa 'Mankiko der Faulpelz'. Die Kritik Sérgio Piçarras richtet sich folglich weniger gegen das Fehlverhalten einzelner Bürger*innen, als vielmehr gegen eine korrupte und problematische Regierung. Damit sind Piçarras Covid-19-Comics deutlich politischer als die des Mosambikaners Zimba. Gerade im Kontext der Aids- und der Covid-19-Krise kann Sérgio Zimba als Karikaturist verstanden werden, der mit seinen Bildern zu einer breiten Aufklärung der Bevölkerung beitragen will und das Genre der Sachcomics nutzt, um Kampagnen für die öffentliche Gesundheit in Mosambik zu unterstützen, wo zahlreiche – vor allem ältere – Menschen schlecht oder gar nicht in der portugiesischen Sprache alphabetisiert sind.[22] Diese Einstellung äußert auch Zimba selbst: «Para Zimba, o cartoon é um meio de intervenção social, e chega ao alcance de todas as pessoas, incluindo as que não sabem ler nem escrever, porque o desenho em si

---

[22] So hält Zimba selbst den Cartoon für eines der stärksten Mittel, um dem Publikum *Informationen* zu vermitteln (vgl. Pedro 2020).

é um meio forte de comunicação» (Mahumana 2020).[23] Es muss jedoch deutlich betont werden, dass sich Sérgio Zimbas Werk nicht in dieser Form des Sachcomics erschöpft; es liegen von ihm auch zahlreiche politische und gesellschaftskritische Zeichnungen vor. Durch seine Entscheidung für das Medium Bild und die häufig zweisprachige Verwendung von Text gelingt es ihm in besonderem Maße, mit seinen Zeichnungen eine Leser*innenschaft zu erreichen, die von den üblichen portugiesischsprachigen Printmedien tendenziell eher ausgeschlossen wird und bei diesen eine gesundheitspolitische und gesellschaftskritische Bewusstseinsbildung zu initiieren.

---

[23] Dt.: 'Für Zimba ist der Cartoon ein Mittel zur sozialen Intervention und er erreicht alle Menschen, auch diejenigen, die weder lesen noch schreiben können, denn die Zeichnung selbst ist ein starkes Kommunikationsmittel'.

Bibliographie

Arakaki, Nancy Aparecida. 2017. «A interação das culturas bantu e portuguesa numa tirinha moçambicana». In: *Cadernos de Pós-Graduação em Letras.* Vol. 17, N° 1, 109-117.

Eisner, Will. 2008. *Comics and Sequential Art. Principles and Practices from the Legendary Cartoonist.* New York/London: W. W. Norton & Company.

Hangartner, Urs. 2013. «'Sequential art to teach something specific' – Sachcomics: Definitorisches, Historisches, Aktuelles». In: Hangartner, Urs/Keller, Felix/Oechslin, Dorothea (edd.): *Wissen durch Bilder. Sachcomics als Medien von Bildung und Information.* Bielefeld: transcript, 13-41.

Hangartner, Urs/Keller, Felix/Oechslin, Dorothea (edd.). 2013. *Wissen durch Bilder. Sachcomics als Medien von Bildung und Information.* Bielefeld: transcript.

Lent, John A. (ed.). 2009. *Cartooning in Africa.* Cresskill: Hampton.

Lüthy, Corinne/Ulrich, Reto/Uribe, Antonio. 2020. *Kaboom! Of Stereotypes and Superheroes – African Comics and Comics on Africa.* Basel: Basler Afrika Bibliographien.

Mantlo, Bill. 2009. «From Slavery to Freedom: A Comic Book from Angola». In: Lent, John A. (ed.): *Cartooning in Africa.* Cresskill: Hampton, 62-65.

McCloud, Scott. 1994. *Understanding Comics. The Invisible Art.* New York: William Morrow Paperbacks.

Meneses, Maria Paula. 2015. «Xiconhoca, o inimigo: Narrativas de violência sobre a construção da nação em Moçambique». In: *Revista Crítica de Ciências Sociais.* Vol. 106, 9-52.

New York Times (ed.). 2020. *The Decameron Project. 29 Stories From the Pandemic.* London et al.: Scribner.

Packalén, Leif. 2009. «Cartooning in Mozambique. An Overview». In: Lent, John A. (ed.): *Cartooning in Africa.* Cresskill: Hampton, 187-195.

Scholz, Janek. 2016. «Eine Künstlerkooperation 'alem das fronteiras' – Banda desenhada de lingua portuguesa». In: *promptus – Würzburger Beiträge zur Romanistik.* Vol. 2, 227-242.

Scholz, Janek. 2018. «Birgit Weyhes Madgermanes: Umbruchmomente und Erinnerung in Mosambik und der DDR». In: Deutsche Gesellschaft für die afrikanischen Staaten portugiesischer Sprache e.V. (ed.): *DASP-Hefte.* Vol. 177, 5-24.

Internetquellen

Mahumana, Albino. 2020. «'Não se dá a devida importância ao cartoon no país' – Sérgio Zimba», https://stpc.co.mz/nao-se-da-a-devida-importancia-ao-cartoon-no-pais-sergio-zimba/ (zuletzt eingesehen am 10.10.2020).

Pedro, Johnson. 2020. «Sérgio Zimba sente-se excluído das artes no país», https://mozentretenimento.co.mz/sergio-zimba-sente-se-excluido-das-artes-no-pais/ (zuletzt eingesehen am 10.10.2020).

UNESCO (o.J.): «Mozambique – Literacy Rate», http://uis.unesco.org/en/country/mz (zuletzt eingesehen am 10.10.2020).

Wikipedia (o.J.): «Pandemia de COVID-19 em Moçambique», https://pt.wikipedia.org/wiki/Pandemia_de_COVID-19_em_Mo%C3%A7ambique (zuletzt eingesehen am 10.10.2020).